Wladimir W. Sergijenko

Europas offene Wunde – Wie die EU beim Krieg in der Ukraine versagte

Fakten, Interviews und Dokumente

W0191312

FIFTYFIFTY

Die Deutsche Nationalbibliothek verzeichnet diese Publikation in
der Deutschen Nationalbibliografie; detaillierte bibliografische Daten
sind im Internet über http://dnb.d-nb.de abrufbar.

MIX
Papier aus verantwor-
tungsvollen Quellen
FSC® C083411

2. Auflage 2020
ISBN: 978-3-946778-17-2
© Verlag fifty-fifty, Frankfurt/Main 2020,
in Vertriebskooperation mit der Westend Verlag GmbH
Umschlaggestaltung: Maximilian David, Westend Verlag GmbH
Satz: Satzsystem metiTec, me-ti GmbH, Berlin
Druck und Bindung: CPI – Clausen & Bosse, Leck
Printed in Germany

Inhalt

Auf der Suche nach Wahrheit – ein Blick zurück

Ich bin in der Ukraine geboren. Sie war damals Teil der UdSSR, eine Sowjetrepublik. Mit meiner Familie lebte ich in Lwow, ukrainisch Lwiw. Die Lebensbedingungen waren dort nicht so angenehm, weshalb ich – wie viele meiner Landsleute – die Ukraine verließ, als dies möglich wurde. Ich war 20 Jahre alt und gehörte zu den mehr als 90 Prozent der Wahlberechtigten, die sich im Dezember 1990 beim Volksentscheid für einen unabhängigen ukrainischen Staat aussprachen. Ich weiß nicht mehr, ob ich dabei auch dem bis dato Vorsitzenden des Obersten Sowjet, Leonid Krawtschuk, meine Stimme gab. Der wurde jedenfalls mit großer Mehrheit zum ersten Präsidenten der Ukraine gewählt. Eine Woche später schon unterschrieb Krawtschuk im belarussischen Belowesch – gemeinsam mit den Präsidenten der Russischen Föderation, Boris Jelzin, und dem von Belarus, Stanislaw Schuschkewitsch – die Vereinbarungen zur endgültigen Auflösung der Sowjetunion.[1]

Vermutlich war ich damals zu jung, um die Tragweite dieses Federstrichs zu ermessen. Wie mir erging es wahrscheinlich Millionen »Sergijenkos«. Aber ich verstand, warum sich diese kleinen Leute plötzlich beglückt fühlten: Für die übergroße Mehrheit der Ukrainer schien sich nunmehr der jahrhundertealte Traum von der ukrainischen Unabhängigkeit in Gestalt eines eigenen Staates zu erfüllen. Die Verwirklichung dieser Idee war in den Jahrhunderten zuvor von litauischen, polnischen, österreich-ungarischen und russischen Herrschern stets verhindert worden, mitunter auch mit brutaler Gewalt und Unterdrückung. Alle Versuche, einen eigenen ukrainischen Staat zu bilden, waren sowohl im 18. als auch im 20. Jahrhundert nach der Russischen Revolution 1917 schon im Anfangsstadium gescheitert. Nun wähnte man sich endlich am Ziel.

Und ich ging und verließ das Land. Mit Zweifeln im Herzen, von Skepsis erfüllt, aber nicht ohne Hoffnung. Und verfolgte von Berlin aus, wo ich eine Familie gründete und Kinder in die Welt setzte, was in meiner Heimat geschah. Sehr aufmerksam. Nicht nur von außen und aus der Distanz. Ich besuchte (und besuche) regelmäßig meine Mutter und meinen Bruder, traf und treffe mich mit Freunden und Bekannten, sperre die Ohren auf und gehe mit offenen Augen durch die Straßen. So bin ich auf dem Laufenden und erfahre mehr, als ich in den deutschen Medien fand und aktuell finde. Diese berichteten, wie ich bald merkte, mal intensiv und dann wieder überhaupt nicht, mal kampagnenhaft und nicht frei von Parteinahme, also keineswegs objektiv, dafür aber ziemlich oberflächlich. Wäre ich nicht so oft in meiner Heimat – ich wäre nicht nur uniformiert, sondern reichlich desinformiert.

In der realen Unabhängigkeit erfüllten sich sowohl Erwartungen als auch Befürchtungen. Die Ukraine entwickelte sich nur mühsam weiter und bald auch auseinander. Geopolitisch wie sozial. Auf der einen Seite wurden einige immer reicher und auf der anderen die meisten immer ärmer. Ohne meine Unterstützung würde sich meine Mutter, inzwischen Rentnerin, die sie am Leben haltende Medizin nicht leisten können.

Vor allem registrierte ich unter meinen Landsleuten zunehmend Zweifel, ob denn die Ukraine als Staat überhaupt eine Zukunft habe. Und das, obgleich doch unter Krawtschuks Nachfolger im Amt des Präsidenten, Leonid Kutschma, durchaus eine leicht positive Entwicklung zu erkennen war. Auch von Berlin aus. Trotz aller politischen Probleme und wirtschaftlichen Krisen war die Ukraine auf dem Weg nach Europa – ohne die traditionelle Bindung zu Russland aufzugeben. Kiew unter Kutschma hatte dafür den Begriff »mnogovextornost'« erfunden. Die politische Klasse versuchte eine Brücke zwischen Ost und West zu schlagen, sich weder von der einen noch von der anderen Seite vereinnahmen zu lassen. Man wollte unabhängig bleiben. Mit einigem außenpolitischem Erfolg: Die Ukraine wurde zunehmend als Faktor in der europäischen Politik wahrgenommen und auch von den Nachbarn in West wie Ost akzeptiert.

Das wirtschaftliche Potenzial der Ukraine war – so der ehemalige Ministerpräsident Asarow – in einem Gutachten der Deutschen Bank 1990 als gut bewertet worden.[2] Ich sah etliche Tabellen. Sie zeigten beispielsweise den Industrialisierungsgrad, die Landwirtschaft, den Selbstversorgungsgrad mit Industriegütern, die mineralische Rohstoffvorkommen, die marktwirtschaftliche Mentalität, den Ausbildungsstand der Bevölkerung und die Infrastruktur. Von allen ehemaligen Sowjetrepubliken rangierte die Ukraine bei diesen Kriterien – so das deutsche Bankhaus nach Asarow damals – auf Platz 1. Vor den baltischen Staaten und vor der Russischen Föderation. Die Ausgangsbedingungen waren also ideal.[3] Aus verschiedenen Gründen ging es in den 90er-Jahren jedoch wirtschaftlich dramatisch bergab. Das führte zu einer drastischen Verschlechterung der sozialen Lage und zum Niedergang aller mit öffentlichen Mitteln finanzierten Bereiche.

Maßgeblich dafür war die »Privatisierungspolitik«. Es hatten sich inzwischen Clans gebildet, die einen immer stärkeren Einfluss auf die Politik gewannen und schließlich zur mafiosen Verflechtung von Politik und Wirtschaft führten. Auf einer wissenschaftlichen Konferenz im Februar 1996 in Kiew wiesen ukrainische Wirtschaftsexperten darauf hin, dass der Anteil der Schattenwirtschaft bereits etwa 40 Prozent der gesamten Ökonomie des Landes ausmachte. Nach ihrer Einschätzung kontrollierten mafiose, zum Teil international organisierte Gruppierungen den gesamten privaten Einzelhandel, den größten Teil der neu entstandenen Wirtschaftsunternehmen in anderen Branchen und einen bedeutenden Teil der staatlichen Betriebe. Entscheidenden Einfluss aber erlangten diese Strukturen vor allem auf den rentabel wirtschaftenden Teil der ukrainischen Wirtschaft, deren Gewinne zu einem bedeutenden Teil ins Ausland flossen. Etwa ein Fünftel der Erlöse der Volkswirtschaft landete illegal auf Konten im Ausland.[4]

Neben den negativen ökonomischen Folgen dieser Schattenwirtschaft gab es auch politische Rückwirkungen – es begann sich eine parallele illegale Machtstruktur zu entwickeln.

Zerbricht die Ukraine?

Die Zweifel meiner Bekannten am Fortbestand der staatlichen Integrität unseres Landes wurden auch gespeist aus dem auffälligen Umstand, dass die Ukraine unverändert wirtschaftlich, kulturell, kirchlich, ethnisch, sozial und damit auch politisch geteilt war und sich die Gegensätze verschärften. Im Osten und Südosten lagen die industriellen Zentren, dort wurde produziert und Geld gemacht, vornehmlich durch den Export nach Russland. In diesen Regionen lebten auch seit Jahrhunderten viele Russen mit einer natürlichen Bindung an »Mütterchen Russland«. Im Westen hingegen hatte man eine gänzlich andere Vergangenheit, da fühlte man sich zu Europa »hingezogen« – obgleich doch das gesamte Territorium der Ukraine auf eben diesem Kontinent lag. Mit über 600.000 Quadratkilometern war und ist die Ukraine immerhin der größte Flächenstaat Europas (sieht man mal von Russland ab, das sich über zwei Kontinente erstreckt).

Die Westukraine hatte mal zu Litauen, mal zu Polen, mal zur Habsburger Monarchie gehört. Antisemitische, militante Nationalisten kämpften dort in den 1930er-, 1940er-Jahren gegen den polnischen und den sowjetischen Staat und verbündeten sich sogar mit den faschistischen Okkupanten. Doch die deutschen Besatzer hatten eigene Pläne und sperrten sie in Lager; erst als die

Deutschen auf dem Rückzug waren, machten sie die Terroristen zu ihren Verbündeten, mit denen sie gemeinsam gegen die Rote Armee kämpften.

In der Westukraine betete man katholisch zu Gott, während man im Osten auf russisch-orthodoxe Art für den Herrn die Hände faltete. Die einen bekreuzigten sich von rechts, die anderen von links. Russisch ging hier schwerer von der Zunge denn Ukrainisch, weil man – eingedenk der jüngeren Vergangenheit – sich von eben jenen Russen vereinnahmt fühlte.

Mir schien, als ginge ein Riss durchs Land, der ständig tiefer wurde, und ich sah wenig Bestrebungen, dass die politisch Verantwortlichen dies ändern wollten. Als Kutschma in Rente ging und 2004 ein neuer Präsident gewählt werden musste, glaubte nicht nur ich, dass sich nun etwas ändern könnte, weil sich etwas ändern musste. Meine Hoffnung, das räume ich ein, war allerdings gering, denn die beiden Spitzenkandidaten, Wiktor Juschtschenko und Wiktor Janukowitsch, hatten Kutschma bereits als Ministerpräsidenten gedient. Sie beide waren aus dem gleichen Holz geschnitzt. Und folglich fiel bei der Stichwahl auf jeden etwa die Hälfte der abgegebenen Stimmen – und jeder reklamierte für sich den Sieg.

Die Zentrale Wahlkommission sah Janukowitsch vorn. Moskau erkannte umgehend den Triumph ihres Favoriten an – die Europäische Union und die USA hingegen feierten den von ihnen protegierten Juschtschenko als Wahlsieger. Sie unterstützten ihn schon geraume Zeit, denn Juschtschenko hatte Erwartungen im Westen geschickt genährt. Würde er Präsident der Ukraine werden, so hatte er signalisiert, nähme er einen Kurswechsel vor und stellte die Annäherung der Ukraine an die EU und die NATO in Aussicht.

Der Verdacht, dass bei den Wahlen nicht alles mit rechten Dingen zugegangen sei, trieb Ende 2004 Tausende in Kiew auf den Maidan, den »Platz der Unabhängigkeit«. Die Menschen, vornehmlich in meinem Alter oder noch jünger, schwenkten orangefarbene Tücher und Fahnen. Auch ich fragte nicht, wo diese plötzlich in so großer Zahl herkamen und warum sie ausgerechnet nur diese eine Farbe trugen, sondern: Ich war stolz auf meine Landsleute, die offenkundig nicht mehr bereit und willens waren, alles unwidersprochen mit sich machen zu lassen. Die Zivilgesellschaft schien auch in der Ukraine erwacht und begehrte demokratisch auf. Die Sache wuchs sich zu Massenprotesten aus, und im westlichen Ausland, insbesondere in deren Medien, ergriff man Partei für das Anliegen der Bürgerrechtler auf dem Maidan. Daraufhin annullierte das Oberste Gericht in Kiew das Ergebnis und forderte die Wiederholung der Wahl. Die Richter hatten unabhängig entschieden, der Rechtsstaat hatte sich durchgesetzt, der demokratische Widerstand – inzwischen zur »Orangenen Revolution« verklärt – hatte dies erzwungen.

Unter Androhung von Sanktionen von Seiten der USA und der Europäischen Union einigten sich daraufhin Regierung und Opposition unter Vermittlung des polnischen Präsidenten Kwaśniewski auf den 26. Dezember 2004 als neuen Wahltermin und auf eine Verfassungsänderung, mit der die Vollmachten des Präsidenten eingeschränkt und die Rechte des Parlaments sowie der Regierung erweitert werden sollten.

Erst später sollte publik werden, dass die Massenproteste keineswegs so spontan zustande gekommen, sondern generalstabsmäßig choreografiert worden waren. Die ukrainischen Journalisten Dmitri Popow und Ilia Milstein berichteten 2006, dass »die Pläne für die revolutionäre Aktion auf dem Maidan zehn Tage vor Ausbruch der Orangenen Revolution« vorgelegen hätten.[5] Sie beriefen sich dabei auf den im Wahlstab Juschtschenkos für die Zeltstadt auf dem Maidan verantwortlichen Mitarbeiter, der dies später nie dementierte. Der Mann hieß Petro Poroschenko.

Im nunmehr dritten Wahlgang zur Bestimmung des Präsidenten setzte sich Juschtschenko mit einem Vorsprung von fast acht Prozent klar durch. Es war eine demokratische Willensentscheidung der Mehrheit des ukrainischen Volkes, wie es ausschaute. Doch das Resultat war nicht das von der Mehrheit erhoffte und gewünschte. Die Personen an den Fleischtöpfen wechselten zwar, das – kritisierte – politische System blieb jedoch im Wesen bestehen. Die von Juschtschenko versprochenen Reformen blieben aus. Ein Investitionsprogramm zur Schaffung von fünf Millionen neuen Arbeitsplätzen war angekündigt worden, ebenso die finanzielle Sicherung der Sozialsysteme durch eine Reform der Steuerpolitik. Die Korruption sollte entschieden bekämpft werden, ebenso die Bürokratie. Endlich sollte eine unabhängige Gerichtsbarkeit als eine der tragenden Säulen des Rechtsstaats durchgesetzt werden. Davon passierte so gut wie nichts.

Stattdessen stritten Präsident, Regierung und Opposition intern um die Macht, um Einfluss und damit um private Vorteile – das Staatswohl schien nicht unbedingt oben auf ihrer Prioritätenliste zu stehen. Nach einer wochenlangen Staatskrise erfolgten im September 2007 vorgezogene Parlamentswahlen. Alle Parteien verloren, das Lager des Präsidenten Juschtschenko und seiner Premierministerin Julija Timoschenko behielt in der Werchowna Rada, dem Parlament und gesetzgebenden Organ in der Ukraine, eine knappe Mehrheit von zwei Mandaten. Das Wahlvolk hatte den Staatszirkus durchschaut und begann sich zunehmend zu verweigern.

Juschtschenko, Timoschenko, Jazenjuk wollen 2008 in die NATO

Präsident und Regierung drückten – sich des dünnen Eises bewusst, auf dem sie wandelten – nunmehr aufs Tempo bei der politischen und juristischen Umsetzung ihrer klaren Westorientierung bei gleichzeitig konfrontativer Abgrenzung zu Russland. Dazu gehörte auch der Kurs auf die NATO und gipfelte in einem Aufnahmegesuch. Das stieß auf den scharfen Protest der Oppositionsparteien in der Rada und löste eine erneute Parlamentskrise aus. Das NATO-Aufnahmegesuch stieß auch in der Gesellschaft auf Widerspruch. Die Abgeordneten der Oppositionsparteien blockierten über Wochen die Arbeit der gerade gewählten Werchowna Rada und forderten eine offizielle Rücknahme.[6] Die Rücknahme erfolgte zwar nicht, bestärkte aber eine Reihe europäischer NATO-Länder in ihrem Zweifel, ob eine Aufnahmeentscheidung auf dem Bukarester NATO-Gipfel Anfang April 2008 tatsächlich – wie von den USA behauptet – zu mehr Stabilität in der Ukraine und der gesamten Region führen würde. Deutschland, Frankreich und andere NATO-Länder äußerten offiziell Vorbehalte gegen vorschnelle Entscheidungen in dieser Frage und begründeten ihre Haltung damit, dass die Bevölkerung der Ukraine bisher mehrheitlich skeptisch sei.

Mit dieser Einschätzung lagen sie nicht falsch. Obgleich der damalige US-Präsident George W. Bush am Vorabend der NATO-Ratstagung demonstrativ nach Kiew reiste und Druck auf die europäischen NATO-Partner ausübte, wurde die Ukraine in Bukarest nicht aufgenommen, wohl aber animiert, die Reformen im Verteidigungs- und Sicherheitsbereich zur Angleichung an NATO-Standards zügig fortzusetzen, um den gesamten Bereich enger mit den euroatlantischen Strukturen zu verbinden. Überdies wurde die Ukraine in die von der NATO geführten Militäraktionen in Afghanistan und im Kosovo eingebunden.

Bush hatte bei seinem Blitz-Besuch in Kiew eine Reihe bilateraler Verträge unterzeichnet, darunter ein Abkommen über die Errichtung von Atomkraftwerken mit US-amerikanischer Technologie, den Bau einer Endlagerstätte für Nuklearbrennstoffe sowie über gemeinsame Forschungsprojekte. US-amerikanischen Investoren wurden darüber hinaus weitgehende Zusicherungen für Beteiligungen an ukrainischen Energieunternehmen gegeben. Offen erklärtes und leicht erkennbares Ziel der Abmachungen war es, der seitens des Westens befürchteten einseitigen Bindung und Abhängigkeit von Russland und vom russischen Markt entgegenzuwirken.

Russland reagierte verständlicherweise ungehalten und warnte vor den Folgen für die europäische Sicherheitsarchitektur, die sich nach dem Kalten Krieg herausgebildet hatte. Die NATO ruderte ein wenig zurück und erklärte im April 2009 auf ihrer Jubiläumstagung in Washington in einer neuen strategischen Konzeption, sie wünsche die »Erweiterung der NATO *und* gute Beziehungen zu Russland«. Man wolle die »rechtmäßigen Besorgnisse Russlands hinsichtlich seiner Sicherheit nicht ignorieren«.

Die ausgebliebene Einbindung der Ukraine in das westliche Bündnissystem zeigte weitreichende innen- und außenpolitische Wirkungen. So zerbrach in Kiew das Bündnis von Präsidenten-Partei und Regierungspartei und der hinter ihnen stehenden Oligarchengruppen. Im März 2009 stellte Präsident Juschtschenko bei der Generalstaatsanwaltschaft sogar Strafanzeige gegen Premierministerin Julija Timoschenko wegen Amtsmissbrauchs, Hochverrats und persönlicher Bereicherung. »Die Zustimmungswerte Juschtschenkos«, so hieß es damals in einer Analyse der der SPD nahestehenden Friedrich-Ebert-Stiftung in Berlin, »lagen auf dem Höhepunkt der Orangenen Revolution bei 60 Prozent. Zum Ende seiner Amtszeit betrugen sie nur noch drei Prozent. Juschtschenko wurde zum Symbol der enttäuschten Hoffnungen der Orangenen Revolution.«[7]

Nach dem Scheitern der NATO-Einbindung der Ukraine verlagerten sich die Auseinandersetzungen um den Platz der Ukraine im internationalen Beziehungsgefüge vom sicherheitspolitischen in den wirtschaftspolitischen Bereich. Die EU intensivierte ihre Bemühungen, die bestehenden Verbindungen zur Ukraine im Rahmen des »Aktionsplanes für eine vertiefte Zusammenarbeit« von 2004 auf das Niveau eines Assoziierungs- und Freihandelsabkommens zu heben. Die offiziellen Verhandlungen dazu begannen im September 2008 und führten zunächst zur Einbeziehung der Ukraine in das EU-Programm zur »Östlichen Partnerschaft« im Mai 2009.

Die Gespräche über das Assoziierungsabkommen wurden aber nicht wie geplant bis Ende 2009 abgeschlossen. Gründe dafür waren vor allem die innenpolitische Dauerkrise in der Ukraine, die dort schleppende Umsetzung der notwendigen Reformen in Politik, Wirtschaft und Justiz sowie Vorbehalte in der EU selbst gegenüber einer verbindlichen Beitrittsperspektive für die Ukraine.

Machtwechsel in Kiew 2010

Anfang 2010 fanden in der Ukraine planmäßig Präsidentschaftswahlen statt. Von den 18 Bewerbern kamen zwei in die Stichwahl: Wiktor Janukowitsch und Julija Timoschenko. Janukowitsch siegte schließlich mit drei Prozent Vorsprung. Obgleich die Wahlbeobachter der Organisation für Sicherheit und Zusammenarbeit in Europa (OSZE) und weitere internationale Beobachtermissionen die Stichwahl als korrekt bewerteten, reichte Julija Timoschenko Beschwerde beim Obersten Verwaltungsgericht ein, zog diese dann aber als »zwecklos« zurück, weil das Gericht nach ihrer Meinung parteiisch sei, das heißt aufseiten der Macht und nicht auf ihrer Seite stünde.

Janukowitsch wurde als Präsident vereidigt und beauftragte Nikolai Asarow, einen ehemaligen russisch-ukrainischen Bergbauingenieur ohne Hausmacht und Hintermänner, mit der Regierungsbildung.

Im Herbst 2012 erfolgten Parlamentswahlen. Diese hatten schon drei Jahre zuvor stattfinden sollen, waren aber aufgrund der internationalen Finanzkrise, die die Ukraine schwer getroffen hatte, immer wieder verschoben worden. Unter den Augen von fast 4.000 in Kiew registrierten Wahlbeobachtern wurden schließlich die 450 Abgeordneten der Werchowna Rada gewählt. Die Wahlbeteiligung lag unter 60 Prozent, das war die geringste seit Erlangung der Unabhängigkeit und ein deutliches Indiz für das weiter gesunkene Interesse der Bevölkerung an der Politik oder anders formuliert: Es war auch ein Indiz für Gefühle der Ohnmacht und Hilflosigkeit, die sehr viele Ukrainer inzwischen beherrschten.

Obgleich beispielsweise polnische Wahlbeobachter erklärten, keine Hinweise auf Wahlmanipulationen registriert zu haben (der Parlamentarier Mateusz Piskorski behauptete explizit: »Ich möchte anmerken, dass mir kein Fall bekannt ist, bei dem Wähler-stimmen gekauft worden wären oder sonstige Beeinträchtigungen oder Wahlmanipulationen stattgefunden haben«[8]), wurde im Westen geraunt, die Wahlen seien »unfair« verlaufen. Beweise für diese These blieb man jedoch schuldig. Piskorski hingegen wurde vom polnischen Inlandsgeheimdienst der Zusammenarbeit mit dem russischen Geheimdienst bezichtigt, nachdem die polnische Zeitung *Gazeta Wyborcza* Piskorski als Rechtsextremen geoutet und damit 2004 seine Kandidatur für das Europäische Parlament verhindert hatte.

Die seit über zwei Jahren regierende Janukowitsch-Adminis-tration wurde im Herbst 2012 im Amt bestätigt, blieb aber auf die Unterstützung der Kommunistischen Partei im Parlament angewiesen. Sie setzte ihren Kurs der Normalisierung der tra-ditionellen Beziehungen zu Russland fort. »Unsere Länder sind eng miteinander verbunden – ihre Ökonomie, Kultur, Geschichte und wirtschaftlichen Komplexe ergänzen einander.« Es gelte, so hatte Präsident Janukowitsch beim Amtsantritt programmatisch erklärt, »die in den Jahren der sogenannten Orangenen Revolu-tion geschaffenen Hemmnisse aus Missverständnissen und alten Problemen zu beseitigen«. Diese Politik fand auf russischer Seite natürlich Zustimmung. Auf westlicher Seite hingegen verstärkten solche Erklärungen die Vorbehalte gegenüber Janukowitsch, der der »Russlandfreundlichkeit« und einer Ablehnung des »Kurses der europäischen Orientierung« bezichtigt wurde.

Angesichts der dramatischen Wirtschaftslage der Ukraine war die Reanimierung traditioneller Verbindungen nach Osten logisch und vernünftig. Vor allem ging es Kiew dabei um die dauerhafte Sicherung der Versorgung des Landes mit Energieträgern, mit russischem Erdgas und Erdöl. Bereits 2010 hatte das ukrainische Parlament in einem Gesetz zu den Grundprinzipien der Außen- und Sicherheitspolitik das Festhalten an einer Politik der Bündnis- freiheit, das heißt der Nichtbeteiligung an militärisch-politischen Bündnissen, beschlossen. Entsprechend dieser Linie der Block- freiheit wurden die Aktivitäten für einen raschen NATO-Beitritt beendet und die vom Vorgänger Juschtschenko dazu geschaffe- nen Regierungskommissionen wieder aufgelöst. Allerdings hielt man sich ein Hintertürchen offen, man kann auch sagen: Kiew verhielt sich inkonsequent, denn die Ukraine setzte die begonnene Zusammenarbeit mit der NATO fort und erfüllte übernommene Verpflichtungen. So fanden allein 2010 neun Militärübungen mit NATO-Beteiligung in der Ukraine statt. Gleichzeitig verlängerte Kiew das Stationierungsabkommen für die Russische Schwarz- meerflotte in Sewastopol bis 2042. Das kritisierte die Opposition als »Verrat nationaler Interessen« und als erneute »Unterwerfung der Ukraine unter Russland«. Sie forderte Janukowitsch auf, sich zu entscheiden, ob er »Präsident der Ukraine oder russischer Gou- verneur« sein wolle.

Der Streit um die verurteilte und inhaftierte Ex-Premiermi- nisterin Timoschenko verschärfte zudem nicht nur die innen- politische Debatte, sondern polarisierte auch im Ausland. Prä- sident Janukowitsch, der ganz offenkundig zur Balance-Politik Kutschmas (»mnogovektornost'«) zurückgekehrt war, geriet nun vollends zwischen die Fronten. Auf russischer Seite gab es un- verändert ein gewisses Misstrauen, weil Kiew für schöne Worte von der ukrainisch-russischen Freundschaft Vorzugspreise für die Erdgaslieferungen erwartete, aber nicht bereit war, der Zollunion zwischen Russland, Kasachstan und Belarus beizutreten. Statt- dessen strebe es ein Freihandels- und Assoziierungsabkommen mit der EU an. In Westeuropa hingegen schien man sich zu- nehmend bewusst zu werden, was die politische Umarmung der Ukraine die EU real kosten würde.

Für die Modernisierung von Wirtschaft und Gesellschaft benötigte die Ukraine sichere und stabile Beziehungen sowohl zu Russland als auch zum Westen, insbesondere zur EU. Die immer deutlicheren Forderungen von beiden Seiten, sich für *eine* Richtung zu entscheiden, destabilisierten die ukrainische Gesellschaft immer mehr und überforderten zunehmend die politischen Entscheidungsträger in Kiew. Überlegungen, die es in der ukrainischen Führung zu allen Zeiten gab, Kompromisslösungen für eine Einbindung sowohl in die von Russland dominierten Integrationsstrukturen als auch in die EU zu finden, stießen auf beiden Seiten auf Ablehnung. Zum Beispiel hatte Janukowitsch gegenüber Russland die Formel »3 + 1« ins Spiel gebracht, nach der die Ukraine in der Zollunion einen Sonderstatus bekommen sollte, welcher einem Freihandels- und Assoziierungsabkommen mit der EU nicht im Wege stehen würde. Von russischer Seite wurde diese Idee umgehend mit der Bemerkung zurückgewiesen, eine halbe Mitgliedschaft könne es in einer Zollunion nicht geben. Ähnliche »Hinweise« kamen auch aus Brüssel, wo man nach längerem Zögern auf eine Beschleunigung der Verhandlungen über ein Freihandels- und Assoziierungsabkommen drängte und Kiew zu klaren Entscheidungen in Richtung EU aufforderte. Der ukrainischen Führung sollte dieses Votum durch ein spürbares Entgegenkommen in bis dato strittigen Fragen erleichtert werden.[9]

Unter diesen äußeren Rahmenbedingungen verschärfte sich auch der Ton in der innenpolitischen Debatte, wie ich bei meinen regelmäßigen Besuchen in der Ukraine feststellen musste. In Deutschland, meiner zweiten Heimat, erhob man die Freilassung von Timoschenko in den Rang einer Nagelprobe.[10] Berlin und Brüssel machten daran Rechtssicherheit und Medienfreiheit in der Ukraine fest. Die Inhaftierung von Timoschenko und die Umstände der Haft stellten für sie eine Verletzung der Menschenrechte dar. Dennoch wurde auf Ebene der EU weiter mit Kiew über die Assoziierung verhandelt.

Brüssel hatte sich dabei für einen Weg entschieden, der einer Hinhaltetaktik gleichkommt. Es wurden Schritte im Assoziierungsprozess an Ergebnisse geknüpft und ständig neue Kriterien benannt. So erfolgte im März 2012 zwar die Paraphierung der Texte des Abkommens, gleichzeitig wurde aber der Druck auf die Janukowitsch-Führung durch Sanktionsmaßnahmen (etwa Reise- und Kontaktverbote während der Fußballeuropameisterschaft im Sommer 2012) stetig erhöht. Der Forderungskatalog wurde ständig ergänzt und die Durchführung von freien, demokratischen Parlamentswahlen im Herbst 2012 zum Hauptkriterium für die Inkraftsetzung des Assoziierungsabkommens gemacht. Darum waren die überwiegend negativen Reaktionen im Westen auf diese Wahlen vorhersehbar, obgleich es keine Beweise für Unregelmäßigkeiten gab.

Nach den Parlamentswahlen verschob die EU die Unterzeichnung des Assoziierungsabkommens bis zum Gipfeltreffen in Vilnius im November 2013.

Insgesamt bemühte sich Kiew sehr stark darum, alle Auflagen der Europäischen Union zumindest formal zu erfüllen, nur in der Sache Timoschenko blieb man hart. Von Berlin bis Washington wurde deren Freilassung lautstark gefordert. Kiew fühlte sich jedoch in seiner kompromisslosen Position durch immer mehr Stimmen in EU-Ländern und in den USA gestärkt, die es für falsch und apolitisch hielten, internationale Verträge mit einem 45-Millionen-Volk vom Umgang mit einer einzigen Person zu verknüpfen, zumal diese nicht unbedingt eine weiße Weste und einen Heiligenschein zu tragen schien. Ermittlungen von US-Behörden über Schwarzgeldkonten Julija Timoschenkos bei US-Banken nährten die Zweifel an deren Integrität.

Die unterschiedlichen Maßstäbe des Westens beim Umgang mit den Menschenrechten offenbaren viel Heuchelei. Der saudiarabische Journalist Jamal Kashoggi wurde in der diplomatischen Vertretung Saudi-Arabiens in Istanbul im Herbst 2018 sogar ermordet – ohne dass dies fundamentale Korrekturen der Politik gegenüber Saudi-Arabien nach sich gezogen hätte.[11] Anders als im Fall der Ukrainerin Timoschenko unterblieben substanzielle politische und wirtschaftliche Sanktionen ...

Präsident Janukowitsch betreibt Schaukelpolitik

Im Herbst 2013 schnürten sich alle Probleme zu einem gordischen Knoten, doch ein Schwert, mit dem er sich hätte zerteilen lassen, schien nicht zu existieren. Der Ukraine drohte zum Ende des Jahres die Zahlungsunfähigkeit. Nach Angaben von Premierminister Asarow betrug der kurzfristige Finanzbedarf etwa 3,5 Milliarden US-Dollar und für 2014 prognostizierte er ein Loch von etwa 18 Milliarden. Die EU war aber lediglich zu einer Hilfe von 600 Millionen US-Dollar bereit und verwies bei den Umschuldungen auf die Kreditzusagen des IWF. Der Internationale Währungsfonds jedoch informierte am 20. November 2013 die Regierung in Kiew, dass er Zahlungen nur leiste, wenn weitere drastische Kürzungen der Sozialausgaben und die Erhöhung der Verbraucherpreise etwa bei Gas um rund 40 Prozent erfolgten.[12]

Das war zehn Tage vor dem Gipfeltreffen in Vilnius. Daraufhin stoppte anderntags die Kiewer Regierung den »Prozess der Vorbereitungen zum Abschluss des Assoziierungsabkommens mit der EU im Interesse der nationalen Sicherheit der Ukraine«, wie Asarow in der Rada erklärte, und er beauftragte die Ministerien, »den aktiven Dialog mit der Russischen Föderation und den anderen Ländern der Zollunion und der GUS bezüglich einer Wiederbelebung der handelsökonomischen Beziehungen« wieder aufzunehmen. Moskau machte umgehend weitreichende Zusagen für Kredite, Gaspreissenkungen und Exporterleichterungen.

Janukowitsch fuhr am 28./29. November 2013 zum EU-Gipfel nach Vilnius und unterzeichnete nicht. Unmittelbar danach begannen intensive Regierungsverhandlungen zwischen Moskau und Kiew, die am 17. Dezember mit einem Hilfspaket im Gesamtumfang von 18 Milliarden US-Dollar endeten und auf eine Stabilisierung der finanziellen und wirtschaftlichen Lage der Ukraine zielten. Die von Putin und Janukowitsch unterzeichneten Vereinbarungen sahen kurzfristige Kredite in Höhe von 15 Milliarden US-Dollar, einen 30-prozentigen Preisrabatt für die Gaslieferungen und Exporterleichterungen für ukrainische Produkte vor, insbesondere für Eisenbahnwaggons, Stahlrohre und Schokolade.

Auch die nationale Opposition und der Westen reagierten auf diese neue Entwicklung. Sie wollten die Entscheidung der Janukowitsch-Führung über den Stopp des Assoziierungsprozesses und die damit verbundene Hinwendung zu Russland rückgängig machen. Obgleich das sprichwörtliche Kind bereits in den Brunnen gefallen war, knüpfte man an die Gesellschaftsentwicklung nach der »Orangenen Revolution« an, um die Ukraine dauerhaft in die westlichen Bündnisstrukturen einzubinden. Dazu musste ein Zusammenschluss aller oppositionellen Kräfte organisiert sowie die Machtstrukturen und die Machtbasis des Janukowitsch-Regimes geschwächt bzw. zerschlagen werden. So lautet meine abstrakte politische Analyse der damaligen Vorgänge heute.

Ich bin Schriftsteller, kein Politikwissenschaftler, ich bin emotional, ich kann nicht nüchtern und kühl rational analysieren, wenn es um Menschen und Schicksale geht. Darum sympathisierte ich mit den jungen Leuten, die in der letzten Novemberwoche 2013 wie schon neun Jahre zuvor auf den Maidan zogen und gegen die Entscheidung des zunehmend als selbstgefällig und abgehoben wahrgenommenen Präsidenten Janukowitsch und dessen Politik protestierten. Ja, auch ich konnte damals nicht verstehen, weshalb er sich in Vilnius so verhalten hatte. Ich sah ihn im Fernsehen, wie er mit ausdruckslosem Gesicht die Fototermine mit den Regierungschefs der EU wahrnahm. Auch deren Gesichter waren zu Masken erstarrt. Die EU hatte alles – nämlich die ganze Ukraine – gewollt und diese nunmehr verloren. Und auch die Ukraine war leer ausgegangen und saß nun vor der Tür. Verloren hatten nicht nur alle beteiligten Politiker, sondern auch das Volk der Ukraine, denn es schien unklar zu sein, wie es nun weitergehen würde.

Mein Herz schlug für den Maidan

Ich lebte inzwischen lange genug in der Bundesrepublik, um – bei allem Ärger mit der hiesigen Bürokratie und trotz vieler Ungerechtigkeiten – die Vorzüge des bürgerlichen Rechtsstaates und das Funktionieren seiner Verwaltung zu schätzen. Was für ein Unterschied zu den in der Ukraine obwaltenden Verhältnissen! Nun war ich keineswegs so naiv anzunehmen, dass Korruption, Bürokratie, Rechtlosigkeit, soziale Not, Armut und Arbeitslosigkeit nach Unterzeichnung des Assoziierungsabkommens mit der EU sofort aus der Ukraine verschwunden wären, ganz zu schweigen von den Oligarchen, die ihre Schäflein ohnehin schon lange ins Trockene, also ins Ausland, gebracht hatten.

Ich wusste – vermutlich im Unterschied zu den Demonstranten auf dem Maidan –, dass Demokratie nicht über Nacht und auf Knopfdruck käme. Das ist ein langwieriger Prozess. Aber mit einer EU-Assoziierung, an deren Ende vielleicht die Mitgliedschaft in der Europäischen Union gestanden hätte, hätten sich vermutlich die Chancen für einen solchen Prozess verbessert. Diese Option schien nun erledigt, weil Janukowitsch in Vilnius die Tür zugeschlagen hatte. Erst Jahre später sollte ich von Beteiligten exklusiv erfahren, was sich tatsächlich in der litauischen Hauptstadt zugetragen hatte. Aus deren Schilderungen war die Zuweisung von Schuld und Versagen doch nicht so eindeutig, wie es seinerzeit erschien und von den Medien kolportiert worden war.

Mein Herz schlug damals jedenfalls für die Leute auf dem Maidan. Die deutschen Medien machten es mir mit meiner Parteinahme leicht. Sie berichteten ausführlich über das Protestcamp, das sich trotz winterlicher Kälte unablässig ausdehnte. Ich blickte im Fernsehen in entschlossene, mitunter romantisch verklärte Gesichter junger Menschen, sah die Unterstützung, die die Demonstranten aus aller Welt empfingen. Politiker aus Westeuropa und selbst aus den USA waren auf dem Platz und verteilten Kekse und wärmende Worte in der Adventszeit. Dann errichtete man Barrikaden und steckte Autoreifen in Brand, schwarze Rauchschwaden zogen über den Platz und alsbald auch grimmig ausschauende Männer, die Waffen und Uniform trugen und erkennbar nicht zur staatlichen Miliz gehörten. Es seien Selbstverteidigungskräfte, hieß es, die den friedlichen Protest schützten. Und nebenbei besetzten sie auch einige angrenzende Gebäude, von denen manche der Regierung gehörten. Es gab bald auch Schießereien mit Organen der Staatsmacht, Tote und Verletzte blieben zurück. Auch schienen die Gespenster der Vergangenheit wieder auferstanden. Gleich Zombies formierten sich militante Nationalisten, Antisemiten und Faschisten im *Rechten Sektor,* eine rechtsextreme ukrainische politische Organisation, die paramilitärisch sowie als politische Partei auftritt.

Der Funke des nunmehr militanten Aufruhrs, der nichts mehr mit dem ursprünglichen sozialpolitischen Protest zu tun hatte, sprang vom Maidan ins Land. Dort wurden Polizeistationen gestürmt und Waffenkammern geplündert. Entschuldigend hieß es in den deutschen Nachrichten, das wäre nichts Ungewöhnliches in einer Revolution, denn um eine solche handele es sich wohl inzwischen.[13]

EU-Außenminister zur Friedensmission in Kiew

Nun fürchten Politiker aller Couleur nichts so sehr wie eine Revolution, zumal wenn diese aus dem Ruder zu laufen droht. So reisten denn am 20. Februar 2014 die Außenminister Polens, Frankreichs und der Bundesrepublik nach Kiew. Auch ein

Sondergesandter des russischen Präsidenten eilte als Beobachter hinzu. Die EU-Politiker wollten zwischen der Opposition und dem Präsidenten Janukowitsch vermitteln, um die eskalierende innenpolitische Kontroverse in kontrollierbare Bahnen zu lenken. Die Gespräche endeten mit einem Dokument, das von Präsident Janukowitsch und den Sprechern des Maidan Jazenjuk, Klitschko und Tjagnybok unterzeichnet wurde. Gemeinsam waren alle Beteiligten übereingekommen, dass innerhalb von 48 Stunden per Sondergesetz die Verfassungsänderung von 2004 wieder in Kraft gesetzt würde.[14] Ferner sollten innerhalb von zehn Tagen eine »Regierung der nationalen Einheit« gebildet und durch eine Verfassungsreform eine ausgewogene Machtverteilung zwischen Präsident, Regierung und Parlament durchgesetzt werden. Unmittelbar nach Inkraftsetzung der geänderten Verfassung, spätestens bis Dezember 2014, sollten Präsidentschaftswahlen erfolgen und dazu die Wahlgesetze entsprechend überarbeitet werden. Und: Die Schuldigen für die Gewaltausbrüche in den letzten Wochen sollten gerichtlich zur Verantwortung gezogen werden. Regierung und Opposition verpflichteten sich, auf die Anwendung von Gewalt zu verzichten und die Gebäude- und Straßenblockaden zu beenden. Illegale Waffen sollten innerhalb von 24 Stunden den Organen des Innenministeriums übergeben werden.[15]

Die radikalen Kräfte auf dem Maidan, vor allem der *Rechte Sektor*, lehnten dieses Abkommen jedoch rigoros ab und forderten Präsident Janukowitsch ultimativ auf, binnen zwölf Stunden zurückzutreten und sein Amtsgebäude zu verlassen. Andernfalls würde der Präsidentensitz von ihnen besetzt und er verhaftet werden.

Wie sich zeigte, folgten Miliz und Sicherheitsleute nicht mehr ihrer Führung, die Erosion des Machtapparates war erkennbar vorangeschritten. Einheiten der Polizei- und Sicherheitsorgane weigerten sich, zur Durchsetzung von Recht und Ordnung die Schusswaffe einzusetzen. Abgeordnete der regierenden *Partei der Regionen* in der Werchowna Rada und in den Gebietsverwaltung[16] kehrten ihren Fraktionen oder der Partei den Rücken. Innerhalb weniger Stunden verlor der Präsident seine Machtbasis in Kiew sowie in den zentralen und westlichen Gebieten der Ukraine. Janukowitsch, Parlamentspräsident Rybak und andere Regierungsmitglieder verließen in der Nacht vom 21. zum 22. Februar 2014 – wenige Stunden nach Unterzeichnung des mit EU-Hilfe ausgehandelten Kompromisses – fluchtartig Kiew und setzten sich größtenteils alsbald nach Russland ab.

Die parlamentarische Opposition nutzte das entstandene Machtvakuum und begann unverzüglich mit der ganz offensichtlich langfristig vorbereiteten Machtübernahme. Auf Sondersitzungen des Parlaments am 22. und 23. Februar wurde der Machtwechsel offiziell vollzogen und formal legitimiert. Unter Umgehung des verfassungsgemäßen Verfahrens stimmte die Rada mit 328 Stimmen für die Amtsenthebung von Viktor Janukowitsch »aufgrund der Nichterfüllung seiner Aufgaben wegen Abwesenheit« sowie mit 285 Stimmen für die Übertragung der Aufgaben des Präsidenten bis zu Neuwahlen am 25. Mai 2014 auf den Parlamentspräsidenten Oleksandr Turtschinow. Mit der Annahme weiterer Gesetze, darunter zur Absetzung des Innenministers und des Generalstaatsanwalts sowie zur Haftentlassung von Julija Timoschenko, waren innerhalb kürzester Zeit die wichtigsten Machtentscheidungen getroffen und der Umsturz politisch und personell vollzogen.

Die Gründe für den raschen Erfolg waren vielschichtig und komplex. Eine wesentliche Ursache war die gewaltige Unzufriedenheit der Mehrheit der Bevölkerung mit dem Janukowitsch-Regime, und diese Unzufriedenheit war sozialer wie politischer Natur. Die stetig wachsende Korruption, die Bereicherungssucht der herrschenden Elite, deren Prunksucht und Mauscheleien, die Rechtsunsicherheit und die Einschränkung bürgerlicher Freiheiten hatten das Fass zum Überlaufen gebracht. Als entscheidender außenpolitischer Faktor kam hinzu, dass die gesamte Entwicklung in der Ukraine seit Erlangen der Unabhängigkeit außerordentlich stark von den geopolitischen Ambitionen sowohl Russlands als auch des Westens, vor allem der USA, in der postsowjetischen Region geprägt war.

Ungeachtet dessen betrachtete ich in Berlin den Machtwechsel in Kiew, der zweifellos den Charakter eines blutigen Staatsstreiches zu besitzen schien, als Chance für einen Neuanfang. In der Geschichte haben Staatsstreiche und Palastrevolten nicht zwangsläufig und in jedem Falle eine Verschlechterung der Lage für das »gemeine Volk« bedeutet. Es gibt auch Beispiele, dass es danach aufwärts ging. Darum weinte ich Janukowitsch keine Träne nach.

Erkundungen nach der »Revolution der Würde«

In jenen Monaten war ich wiederholt in Kiew gewesen. Ich hatte auf dem Maidan mit Demonstranten und an vielen anderen Orten mit Sympathisanten und ganz normalen Leuten gesprochen. Ich spürte eine hochgradige Unzufriedenheit über die Verhältnisse, unter denen sie lebten, arbeiteten oder studierten. Das war nicht das übliche Gejammer und Stammtischgeschwätz, was man aus Deutschland kennt, als es noch Kneipen mit Stammtischen gab. Inzwischen hat sich hierzulande das Genörgel auf die Straße verlagert und im Wutbürger-Pegida-AfD-Gebrüll hörbar Ausdruck gefunden. Der Unmut meiner ukrainischen Landsleute wurzelte nicht in einer diffusen Angst vor sozialem Abstieg oder »Überfremdung«, sondern sie war zu spüren und real zu sehen. Inzwischen hatten bereits zwölf Millionen Menschen die Ukraine auf der Suche nach Arbeit verlassen. Verlassen *müssen*, weil sie daheim keine Tätigkeit fanden, die ihnen die Existenz sicherte. In Deutschland zog man von Ost nach West, blieb also im Lande und nährte sich andernorts redlich. In der Ukraine ging das nicht. Da musste man, wie ich es einst getan hatte, seinen Koffer nehmen und über die Grenze gehen.

Über meine Begegnungen und Gespräche berichtete ich während des Maidan und auch danach in deutschen Medien. Ich warb um Verständnis für die »Revolution der Würde«, wie der Machtwechsel inzwischen genannt wurde. Ich sprach über die Vorgänge in der Ukraine mit Kollegen und Freunden in Deutschland, wir tauschten uns aus. Unter diesen verständnisvollen Gesprächspartnern war auch der Filmemacher Heiner Sylvester, Jahrgang 1943. In der DDR hatte der Thüringer für die Deutsche Film AG (DEFA) und für das Fernsehen in Adlershof gearbeitet und 1976 gegen die Biermann-Ausbürgerung protestiert, was ihn damals beruflich ins Abseits stellte. Heiner arbeitete dennoch heimlich weiter, schmuggelte Filmmaterial in den Westen und reiste schließlich 1984 aus. Irgendwann nach der Jahrtausendwende trafen wir uns und fanden Gefallen aneinander. Er sah die Welt mit anderen Augen als ich, als Künstler, der mit Bildern arbeitet, aber wir glichen uns in der kritischen Reflexion. Dabei kam ihm seine längere Lebenserfahrung zugute. Er hatte den Kalten Krieg erlebt, zwei unterschiedliche politische Systeme kennengelernt und war darauf trainiert, zwischen Wahrheit und Propaganda zu unterscheiden. Sein diesbezügliches Sensorium ist da ausgeprägter als meins. Ich lasse mich da gelegentlich hinters Licht führen, weil ich bestimmte Hintergründe und Zusammenhänge nicht kenne.

Aus anderen Gründen als ich verfolgte aber auch Heiner Sylvester die Entwicklung nach dem Machwechsel in der Ukraine sehr aufmerksam. Ebenso, was in Moskau geschah und wie der Westen auf das eine wie das andere reagierte. Alles unter der Maßgabe, was die in Kiew, Moskau oder Berlin getroffenen Entscheidungen für das reale Leben von einfachen Menschen bedeuteten, welche Auswirkungen bestimmte politische Schritte für sie hatten. Ihn interessierten weniger Putin, Poroschenko oder Merkel. Er war da noch immer der Dokumentarist, der damals, in den früheren 80ern, mit geliehener Kamera und zusammengeklaubten Zelluloid durch Berlin gezogen war, um seine Heimat zu erkunden, indem er unbekannte Zeitgenossen über ihr Leben befragte. Er wollte ergründen, sich nicht mit Parolen und offiziellen Meldungen zufriedengeben.

So kam es, dass er viel in der Ukraine umherreiste und Menschen befragte, wie auch ich es tat. Wir erlebten, zuweilen getrennt, mitunter gemeinsam, die innere Zerrissenheit des Landes, das erst noch eine Einheit werden musste oder wollte. Wir erkundeten die Ukraine nach dem Machtwechsel 2014. Tauschten uns über Gesehenes und Gehörtes aus, sprachen über Empfindungen, stellten uns wechselseitig Fragen: Hast du das auch so erlebt? Wie siehst du das? Denn manchmal glaubten wir, etwas nicht richtig gesehen und verstanden zu haben, folglich konnte dann auch meine oder seine Interpretation falsch sein. Ich gewann mitunter den Eindruck, dass die »Würde« auf der Strecke geblieben war: Präsident Poroschenko reiste wie ein Bettler durch die Welt und suchte um Kredite und Unterstützung nach. Er buhlte bei den Mächtigen um Anerkennung und schien nicht zu begreifen, dass er ihnen schon bald lästig geworden war. Und damit auch die ganze Ukraine mit all ihren Problemen.

Ging es tatsächlich noch um ukrainische Interessen? Beherrschten nicht vielmehr die Interessen Russlands, der USA und der EU – und dort besonders die der Bundesrepublik Deutschland – die Agenda?

Moskau hatte – so unser Eindruck – im Februar 2014, nach den blutigen Zusammenstößen in der Kiewer Innenstadt, seinen Kurs korrigiert. Unter den obwaltenden Umständen wünschte man auch im Kreml einen geordneten Führungswechsel in der Ukraine, um eine unkontrollierte Eskalation der innenpolitischen Auseinandersetzungen zu vermeiden. Putin wollte Ruhe an der russischen Grenze. Allerdings unterschätzte Moskau deutlich die Einflussmöglichkeiten der USA und der EU, wie mir schien. Hingegen überschätzte der Kreml seine eigene Hegemonie in der Ukraine aufgrund der Abhängigkeit von russischen Energieträgern, der engen Kooperationsbeziehungen zwischen den militärisch-industriellen Komplexen im Donbass und der kulturell-

ethnischen Bindungen und Traditionen großer Teile der ukrainischen politischen und wirtschaftlichen Eliten sowie von Teilen
der Bevölkerung.

Der nunmehr vollzogene radikale Machtwechsel in Kiew be-
deutete eine grundsätzliche Entscheidung über die Einbindung
der Ukraine in westliche Integrations- und Bündnisstrukturen.
Diese Einsicht, dass die Ukraine sich nun tatsächlich und vermutlich unumkehrbar aus dem Einflussbereich Russlands zu entfer-
nen begann, führte auf russischer Seite zu einseitigen, mitunter
übereilten Reaktionen, die eine Rückkehr zu gutnachbarlicher Zusammenarbeit zwischen den beiden Ländern sowie eine geregelte
Anbindung der Ukraine an eurasische Integrationsstrukturen für
lange Zeit erschwerten, vielleicht sogar ausschlossen. Die Sicherung realer russischer Interessen in der Ukraine, vor allem in
den Gebieten der Ostukraine mit ihrer Schwer- und Rüstungsin-
dustrie, die aufs engste mit der russischen Wirtschaft verbunden
war, und in der Autonomen Republik Krim mit dem Stützpunkt
der Russischen Schwarzmeerflotte in Sewastopol rückten in den
Vordergrund. Moskau setzte dabei auch auf die Haltung großer Teile der russischsprachigen Bevölkerung in der Ukraine,
die eine Machtübernahme durch national-konservative und nationalistische Kräfte in Kiew ablehnten, weil sie dadurch eine
Untergrabung der Grundlagen des Verhältnisses zu Russland und
eine Beeinträchtigung der traditionellen Wirtschaftsverbindun-
gen sowie der kulturell-mentalen Bindungen befürchteten.

Unmittelbar nach dem Umsturz in Kiew hatte sich Moskau
am 27. Februar 2014 mit einer dramatischen Erklärung an die
mehrheitlich russischstämmige Krimbevölkerung gewandt. Darin
wurde die »verfassungswidrige Machtergreifung durch radikale
Nationalisten« in Kiew als Bedrohung für Ruhe und Frieden auf
der Krim gewertet und die Überzeugung geäußert, dass »nur die
Abhaltung eines allgemeinen Referendums auf der Krim zur Frage einer Vervollkommnung und Ausweitung des Autonomiestatus
es der Krimbevölkerung ermögliche, die Zukunft der Autonomie

ohne Druck und Diktat von außen selbst zu entscheiden«. Zuvor hatte das Krim-Parlament den noch von Präsident Janukowitsch bestätigten Krim-Ministerpräsidenten unter Umgehung der Verfassung abgelöst und einen neuen berufen. Und am 16. März sollte jetzt ein Referendum über die Krim erfolgen.

Kiew – das heißt das Parlament und die neue Regierung – erklärten diese Beschlüsse für verfassungswidrig und lehnten sie darum ab. Der Volksentscheid fand trotzdem statt: Bei einer Wahlbeteiligung von weit über 80 Prozent der Wahlberechtigten auf der Krim stimmten fast 97 Prozent für einen Beitritt der Krim einschließlich Sewastopols zur Russischen Föderation. Zwei Tage später stellte die Regionalregierung der Krim offiziell den Beitrittsantrag und unterzeichnete in Moskau das entsprechende Abkommen. Am 28. März kündigte Russland schließlich einseitig alle Verträge mit der Ukraine über die Nutzung des Flottenstützpunktes Sewastopol, um so die »endgültige« Zugehörigkeit Sewastopols und der Krim zu Russland demonstrativ zu dokumentieren.[17]

Die faktische Abspaltung der Krim von der Ukraine und das russische Vorgehen riefen heftige Reaktionen in Kiew und in westlichen Staaten hervor. In einer Deklaration erklärten die Werchowna Rada und die Regierung der Ukraine die Abtrennung der Krim als »illegale Okkupation durch Russland« und riefen zur »Befreiung der Ukraine« auf. Nachdrücklich hieß es in der Deklaration: »Die Krim war, ist und bleibt untrennbarer Teil der Ukraine.« An die UNO und alle Staaten wurde appelliert, die Abtrennung der Krim als völkerrechtswidrigen Akt zu verurteilen und nicht anzuerkennen.

Die USA und die Staaten der Europäischen Union hatten bereits unmittelbar nach der Ankündigung des Referendums festgestellt, dass die Volksabstimmung »gegen ukrainisches Recht und gegen das Völkerrecht« verstoße und die Ergebnisse daher »keine Rechtskraft« besäßen. Russland wurde vor einer »Annexion« der Krim gewarnt und aufgefordert, alle »Maßnahmen zur Unterstützung eines Referendums über den Status der Krim« zu beenden. Andernfalls würden »gemeinsame und einzelne Maßnahmen«, das heißt Sanktionen, erfolgen.[18]

Alle Dokumente und Berichte über die Ereignisse auf der Krim belegen, dass die Aktionen zur Angliederung der Krim an die Russische Föderation mit direkter Unterstützung von russischer Seite geplant, vorbereitet und durchgeführt worden war. Zugleich steht aber außer Frage, dass die Bevölkerung der Krim mehrheitlich für einen Beitritt zur Russischen Föderation war und die Maßnahmen dazu unterstützte oder zumindest ohne Widerstand hinnahm.

Völkerrechtlich verstieß Russland mit der Angliederung gegen bestehende bilaterale und internationale Verträge und Dokumente, das betrifft insbesondere den sogenannten Großen Vertrag zwischen Russland und der Ukraine von 1997, das Abkommen und die Vereinbarungen über den russischen Flottenstützpunkt in Sewastopol von 1995, zahlreiche Dokumente und Erklärungen der Gemeinschaft Unabhängiger Staaten, der Vereinten Nationen und der Organisation für Sicherheit und Zusammenarbeit in Europa sowie den Trilateralen Vertrag zwischen Russland, USA und der Ukraine über den atomwaffenfreien Status der Ukraine von 1994. In all diesen Dokumenten sind Verpflichtungen zur Anerkennung und Achtung der territorialen Integrität der Ukraine in den Grenzen zum Zeitpunkt der Erklärung der Unabhängigkeit 1991 enthalten.

Innerstaatlich verstießen der Regierungswechsel auf der Krim, die Erklärung der Moskauer Staatsduma, der neuen Regierung auf der Krim Beistand beim Schutz der Bürger zu leisten, die Durchführung eines Volksentscheids über den Beitritt zur Russischen Föderation und schließlich der Beitritt gegen geltendes Verfassungsrecht der Ukraine.

An dieser Einschätzung ändert sich nichts durch berechtigte Hinweise auf Verfassungs- und Völkerrechtsverletzungen anderer Staaten, auf Gefahren für die Sicherheit Russlands durch den gewaltsamen Umsturz in Kiew und Aktionen der NATO oder auf die geschichtlichen Bindungen der Krim und ihrer Bevölkerung an Russland. Die Krim, das nur zur Erinnerung, war bis 1954 integraler Bestandteil der RSFSR, als Nikita S. Chruschtschow, ein gebürtiger Ukrainer, in seiner Funktion als Erster Sekretär des ZK der KPdSU die Krim nach Gutsherrenart an die Ukraine »verschenkte«, ohne darüber mindestens pro forma mit den Parlamenten in Moskau und Kiew Rücksprache gehalten zu haben, damit diese entsprechende Beschlüsse hätten fassen können, weshalb mit diesem Akt gleich zwei Landesverfassungen und diverse Gesetze gebrochen worden waren. Die Verfassung der Russischen Föderation trug auch dem ersten Mann des Landes auf, die territoriale Integrität des Landes zu sichern, was die Hergabe von 27.000 Quadratkilometern und mehr als zwei Millionen Landeskindern nicht erlaubt hätte.[19]

Die USA, die EU- und NATO-Länder reagierten mit den angedrohten Sanktionen und Gegenmaßnahmen. Dazu gehörten der Ausschluss Russlands aus dem G8-Format, Einreise- und Kontensperrungen für russische Politiker, das Einfrieren der offiziellen Kontakte sowie Außenhandels- und Finanzsanktionen. Zugleich wurde Kiews Vorgehen gebilligt und der Ukraine umfangreiche wirtschaftliche und finanzielle Unterstützung zugesagt.

Die Provinz Kosovo, das nur nebenbei, hatte sich 2008 von Serbien respektive Jugoslawien losgesagt und für unabhängig erklärt. Die einseitige Unabhängigkeitserklärung und Ausrufung eines souveränen Staates war allein durch das Parlament und gegen den Willen Serbiens durchgesetzt und anderntags bereits von den USA, Frankreich, Großbritannien, der Türkei, Albanien, Afghanistan und Costa Rica anerkannt worden. Drei Tage später folgte auch Deutschland … Gibt es deutlichere Belege für die unterschiedlichen Maßstäbe, die an internationale Politik angelegt werden?

Die Entwicklungen auf der Krim führten zu einer Verstärkung der nationalistischen und antirussischen Tendenzen in der Politik Kiews und zu einer Mobilisierung großer Teile der ukrainischen

Bevölkerung, die das Vorgehen Russlands ablehnten oder gar verurteilten. Das wiederum hatte eine Verschärfung der Situation in der Ostukraine zur Folge, vor allem in den Verwaltungsgebieten Donezk und Luhansk. Hatte dort bereits die Machtübernahme durch national-konservative und nationalistische Kräfte in Kiew Argwohn und Ablehnung hervorgerufen, so fürchtete man nunmehr um die Existenz: Die regionale Wirtschaft war mit Russland verbunden und auf diese Verbindung angewiesen, hinzu kamen die kulturell-mentalen Bindungen. Das alles schien in Frage gestellt und beendet zu werden.

Verstärkt wurden diese Befürchtungen durch erste Maßnahmen der neuen Regierung in Kiew zur »Ukrainisierung« des öffentlichen Lebens, der Neuausrichtung der Geschichtsbetrachtung und der Verfolgung von Anhängern der *Partei der Regionen*, die ihre Hochburgen in eben diesen Gebieten hatte. Regelrechte Ängste riefen Erklärungen der nationalistischen Freiwilligenverbände hervor, die unmittelbar nach dem Sieg auf dem Maidan dazu aufgerufen hatten, nunmehr die Zentren des Janukowitsch-Regimes zu befreien.[20] Zwar hatte die Werchowna Rada am 1. April 2014 die Entwaffnung der Kämpfer des *Rechten Sektors* beschlossen, gleichzeitig aber die Aufstellung einer Nationalgarde angekündigt, in der die sogenannten Freiwilligenverbände aufgehen sollten. Außerdem billigte die Rada den Manöverplan 2014 für gemeinsame Militärübungen mit NATO-Truppenverbänden und deren zeitweiligen Aufenthalt auf dem Territorium der Ukraine.

Vor diesem Hintergrund formierte sich in den Gebietszentren Widerstand. Am 5. und 6. April kam es in Donezk, Luhansk, Charkiw und anderen Städten zu Massendemonstrationen. Wie nationalistische Kräfte im Januar und Februar in der Westukraine, so besetzten nunmehr bewaffnete Widerstandsaktivisten die Gebäude der Gebietsverwaltungen in Donezk und Luhansk, blockierten Militäreinrichtungen der ukrainischen Armee und der staatlichen Sicherheitskräfte. Ihre Hauptforderung waren Volksabstimmungen über die Eigenständigkeit der Gebiete. Am 7. April 2014 konstituierte sich in Donezk ein sogenannter Volksrat, der die Verwaltung des Gebietes übernahm und eine »Volksrepublik Donezk« proklamierte. Er beschloss ferner, »bis zum 11. Mai ein Referendum über die Frage ›Sind Sie mit der Errichtung eines souveränen Staates – der Donezker Volksrepublik – einverstanden?‹ durchzuführen«. Im Falle eines Versuches der Kiewer Regierung, die Situation in Donezk mit einem Gewaltszenario zu lösen, drohten die »Volksdeputierten«, sich an Putin mit der Bitte zu wenden, ein Kontingent von russischen Friedenstruppen nach Donezk zu entsenden.[21]

Analog verlief die Entwicklung im Verwaltungsgebiet Luhansk, wo am 28. April eine »Volksrepublik Luhansk« ausgerufen wurde. In Charkiw hingegen widersetzte sich der von Janukowitsch eingesetzte Gouverneur den Forderungen separatistischer Kräfte, sich den Aufständischen in Donezk und Luhansk anzuschließen. Er rief stattdessen zu Ruhe und Besonnenheit auf und verhinderte das Übergreifen bewaffneter Aktionen auf das Gebiet Charkiw.[22]

Die Kiewer Übergangsregierung ergriff – nach Konsultationen mit der Obama-Administration in Washington und anderen westlichen Regierungen – scharfe politische und militärische Gegenmaßnahmen. Am 14. April verkündete der amtierende Präsident Oleksandr Turtschinow den Beginn von Militäraktionen zur Wiederherstellung der Regierungskontrolle in den Gebieten Donezk und Luhansk. Die Frühjahrsentlassungen aus dem Armeedienst wurden ausgesetzt, die Wehrpflicht am 1. Mai 2014 wieder eingeführt, die Formierung von Einheiten der neuen Nationalgarde vorangetrieben und verstärkt sogenannte Freiwilligenbataillone gebildet.

Unmittelbar nach Beginn der Militäraktion, die von Regierungsseite als Anti-Terroroperation (ATO) bezeichnet wurde, kam es zu starken Gefechten mit Militärverbänden der Separatisten. Durch den Einsatz der ukrainischen Luftwaffe und schwerer Waffen auf beiden Seiten gab es bereits in den ersten Tagen in Städten und dicht besiedelten Gebieten des Donbass zahlreiche Opfer unter der Zivilbevölkerung.[23]

Angesichts der Gefahr einer Ausweitung der Kampfhandlungen und eines direkten Eingreifens russischer Truppenverbände trafen sich am 17. April 2014 die Außenminister Russlands, der USA, der Ukraine und die Außenbeauftragte der EU in Genf. In einer gemeinsamen Erklärung vereinbarten sie erste konkrete Schritte zur Deeskalation der Situation und zur Wiederherstellung der Sicherheit für alle Bürger der Ukraine. Dazu sollten alle Beteiligten auf Gewaltanwendung und Provokationen verzichten, alle ungesetzlichen Gruppierungen entwaffnet und die besetzten Gebäude wieder freigegeben werden.

Ungeachtet der internationalen Bemühungen, den Konflikt zu entschärfen, forcierten beide Seiten die Kampfhandlungen und den Einsatz schwerer Waffen. Am 30. April räumte der amtierende Präsident bei einer Beratung mit den Chefs der Gebietsverwaltungen ein, dass die Zentralregierung die Kontrolle über Gebiete der Ostukraine verloren habe.

Am 11. Mai 2014 fanden in den nicht mehr unter Regierungskontrolle stehenden Rayons der Gebiete Donezk und Luhansk Volksabstimmungen über die Unabhängigkeit statt. Nach offiziellen Angaben lag die Beteiligung bei 70 Prozent und der Anteil der Ja-Stimmen bei knapp 90 Prozent. Kiew, Washington und Brüssel werteten das Referendum als illegal, da es nicht verfassungskonform gewesen sei. Russland hingegen zeigte Verständnis und sprach die Erwartung aus, dass die praktische Umsetzung der Ergebnisse auf »zivilisiertem Wege« erfolge.[24]

Seit diesem Referendum üben die Verwaltungsorgane der sogenannten Volksrepubliken die alleinige »Staatsgewalt« aus. Laut Kiew handelt es sich um 23 größere Städte und zehn Rayons mit knapp 1,9 Millionen Menschen im Donezker Gebiet und etwas über 1,2 Millionen im Luhansker Gebiet. Das Territorium umfasst insgesamt eine Fläche von etwa 17.000 Quadratkilometern und ist damit etwa so groß wie der Freistaat Sachsen.

In den Folgemonaten nahmen die Kampfhandlungen zwischen den Regierungstruppen und den bewaffneten Formationen der Aufständischen trotz temporärer Waffenruhen an Schärfe und Intensität zu. Auf beiden Seiten waren Freiwilligenverbände an den Kämpfen beteiligt. Bei den Aufständischen schossen Afghanistan-Veteranen, Kämpfer der tschetschenischen Regierungstruppen, Rückkehrer aus Syrien, russische Kosaken und Freiwillige aus allen Teilen der früheren Sowjetunion. Ihre Zahl schätzte man auf etwa 15.000. Von ukrainischer und westlicher Seite wurde wiederholt behauptet, dass auch reguläre russische Truppen eingesetzt worden seien, was aber niemals eindeutig belegt werden konnte. Unbestritten ist jedoch, dass Russland materielle, logistische und waffentechnische Unterstützung sowie Hilfe bei der Ausbildung leistete.

Im September 2014 kam es in den Verhandlungen der Minsker Kontaktgruppe – für Kiew Ex-Präsident Kutschma, für Russland dessen Botschafter in Kiew, ferner ein Vertreter der OSZE sowie zwei Vertreter des »Föderativen Staates Neurussland« – zu ersten Ergebnissen. Auf der Grundlage von Vorschlägen des seit Juni 2014 amtierenden ukrainischen Präsidenten Petro Poroschenko und einer Initiative des russischen Präsidenten Wladimir Putin gelang es, zwischen den Konfliktparteien eine unbefristete Waffenruhe sowie Maßnahmen zu ihrer Umsetzung zu vereinbaren (Minsk I). Allerdings hielt diese Waffenruhe nur wenige Wochen, und die Umsetzung der vereinbarten Begleitmaßnahmen – Abzug der schweren Waffen, Kontrolltätigkeit der OSZE, Sonderstatus innerhalb der Ukraine zur lokalen Selbstverwaltung der Gebiete, vorgezogene Kommunalwahlen – erfolgte überhaupt nicht. Die Kämpfe flammten in den Folgemonaten in unterschiedlicher Stärke und Dauer immer wieder auf.

Um ein völliges Scheitern der Minsker Vereinbarungen zu verhindern, eine Ausweitung der Kämpfe zu stoppen und neue Schritte zur Konfliktregulierung zu vereinbaren, fand am 12. Februar 2015 in Minsk ein weiteres Treffen im »Normandie-Format« (Ukraine, Russland, Deutschland und Frankreich) statt. Die Bezeichnung stammt von einem Vierer-Treffen zwischen Bundeskanzlerin Angela Merkel und den Präsidenten Poroschenko, Putin und Hollande anlässlich der Gedenkfeiern zum 70. Jahrestag der Alliierten-Landung in der nordfranzösischen Normandie am 6. Juni 2014. In einer Deklaration vereinbarten die drei Staatspräsidenten und die deutsche Bundeskanzlerin einen Maßnahmenkomplex zur Umsetzung der Vereinbarungen vom September 2014 und für die Beendigung der Kämpfe. Mit Minsk II erreichte man eine deutliche Reduzierung der Kampfhandlungen, eine gewisse Entflechtung der Konfliktparteien und den Beginn eines Prozesses zur dauerhaften Konfliktregulierung.[25]

Die vollständige Umsetzung aller Maßnahmen wurde aber weder bis Ende 2015 noch im Verlaufe des Jahres 2016 erreicht. Immer wieder gab es Verletzungen der Waffenruhe – auch unter Einsatz schwerer Waffen –, Verhandlungsblockaden und vor allem keinerlei Fortschritte bei der Definition und verfassungsrechtlichen Verankerung des Sonderstatus für die betroffene Donbass-Region.

Obgleich noch immer kein Frieden in der Region herrscht, zeigt aber der Umgang mit diesen Auseinandersetzungen, dass die Beteiligten Russland, USA, EU und NATO – angesichts der Konflikte im Nahen und Mittleren Osten, in Afrika und anderen Regionen sowie wegen der Flüchtlingskrise – kein Interesse an einer erneuten Zuspitzung der Auseinandersetzungen in und um die Ukraine hatten und haben und darum immer wieder auf politische Lösungen drängen. Während der gesamten Zeit seit den Minsker Vereinbarungen fanden regelmäßig Treffen im Rahmen des Normandie-Formates statt, ohne jedoch einen Durchbruch zu erzielen. Auch das Treffen Ende Oktober 2016 in Berlin mit der Verabschiedung einer sogenannten Roadmap brachte keine Fortschritte bei der weiteren Umsetzung der vereinbarten Maßnahmen. Hauptstreitpunkte sind nach wie vor die Ausgestaltung der Selbstverwaltungsrechte für die Verwaltungsgebiete in der ukrainischen Verfassung, die Modifizierung der Wahlgesetze und Modalitäten für die Durchführung der Kommunalwahlen sowie die zeitliche Abfolge der in Minsk II festgelegten Schritte.

Die ukrainische Regierung fordert vor den Verfassungsänderungen den Rückzug der russischen Truppen und die Wiederherstellung der Grenzkontrolle an der gesamten Grenze zu Russland durch die Ukraine. Russland und die Verwaltungen der sogenannten Volksrepubliken fordern dagegen zunächst die Umsetzung der Verfassungsänderungen, danach die Durchführung von Wahlen und als Letztes die Kontrolle der Grenzen durch die Ukraine. Beide Konfliktseiten zeigen kein wirkliches Interesse, die jeweiligen Auflagen zu erfüllen. Aus der »Revolution der Würde« wurde ein würdeloser Bürgerkrieg. Die Vernunft blieb auf der Strecke, und wie in jedem Krieg war auch hier die Wahrheit das erste Opfer.

So sehr ich an der Beendigung dieses Bürgerkrieges interessiert bin, so wenig habe ich Interesse an der Darlegung der Standpunkte der beteiligten Seiten. Jede Seite reklamiert für sich, im Besitz der alleinigen Wahrheit zu sein. Darum halte ich auch wenig von einer vermeintlichen Ausgewogenheit, die sich angeblich durch das paritätische Zitieren aller Positionen herstellt. Das ist Schimäre, es gibt keinen ideologiefreien Raum: Alles ist Ideologie. Schafft man vielleicht Äquidistanz, wenn man der Lüge der einen Seite die Lüge der anderen entgegensetzt? Muss man dem vermeintlichen Täter die Antwort des vermeintlichen Opfers entgegenhalten, um die »Wahrheit« zu erkennen? Nein, vermutlich stiftet man mit einem solchen Herangehen allenfalls Verwirrung. Es ist nicht nur zulässig, eine eigene Meinung zu haben. Jeder, auch jeder Autor, hat eine subjektive Sicht und sollte auch das Recht haben, diese zu artikulieren. Ich messe mit meiner eigenen Elle und plappere nicht nach, was andere vorgeben. Da teile ich das Misstrauen des österreichischen Feuilletonisten Alfred Polgar (1873–1955), der davon ausging, dass die Menschen viel eher einer Lüge glauben, die sie schon 100-mal gehört haben, als der Wahrheit, die ihnen völlig neu ist. Darauf setzten im Übrigen auch die deutschen Nazis in ihrer Propaganda, sie wiederholten die Lügen so lange, bis sie als Wahrheit galten. Gegen die Übernahme von Mainstream-Wahrheiten sträubt sich mein Gewissen seit jeher. Das Gewissen sei eine jüdische Erfindung, soll Adolf Hitler gesagt haben. Nun, dann leugne ich meine Wurzeln nicht und bekenne mich zu meinem Gewissen.

Ich versuchte bei meinen Reisen, oft in Begleitung meines Zeugen Heiner Sylvester, in den Gesprächen zu erfahren, was von den Absichten und Versprechungen, die damals auf dem Maidan gemacht worden waren, überhaupt in Angriff genommen wurde. So gut wie nichts, wie wir hörten. Unverändert grassieren Korruption und Rechtlosigkeit, und folgt man den einfachen Menschen auf der Straße, so sagen sie, dass sich nach 2014 für sie nur wenig geändert habe. Ob du wählen gehst oder nicht, die Tröge bleiben dieselben, nur die Schweine wechseln, sagte mir einer.

Neue Hoffnung keimte mit der Beendigung des Systems Poroschenko im April 2019. Mit der Wahl von Wolodymyr Selenskyi zum Präsidenten der Ukraine und seiner bei den Parlamentswahlen im Juli 2019 gewonnenen Mehrheit in der Werchowna Rada verbanden sich hohe Erwartungen. Noch aber steht die Befriedung des Landes aus, auch wenn es positive Signale aus Kiew gibt. Ein politischer Kurswechsel hingegen ist bislang nicht zu erkennen. Die bestehenden Herrschaftsstrukturen, die von den Oligarchen gespeist werden, sind offenkundig noch existent. Auch wenn inzwischen die Rada die parlamentarische Immunität aufhob. Ex-Premiere Nikolai Asarow begrüßte den Schritt, nannte ihn jedoch »eine schöne Geste, bis es eine echte Gewaltenteilung und unabhängige Kontrolle gibt«.[26]

Der Informationskrieg

Wir leben im Informationszeitalter. Die treffendere Bezeichnung lautet vielleicht Informationskrieg. Informationen werden als

Waffen eingesetzt, Nachrichten können vernichten wie Granaten, der Rufmord kommt aus dem Fernseher oder dem Stream. Im Vietnamkrieg der Amerikaner folgten die Journalisten den Waffen auf dem Fuße. 1967 waren in Südvietnam, so heißt es, an die 700 Pressevertreter vor Ort, kein Krieg zuvor war derart medial begleitet worden. Die US-Army bezahlte Unterkunft, Transport und Verpflegung – und erwartete im Gegenzug die Stärkung des Patriotismus an der Heimatfront. Auf allen TV-Kanälen wurden die Kriegstrommeln gerührt, 1972, so ergaben Untersuchungen, bezogen zwei Drittel der Amerikaner ihre Informationen über den Krieg in Fernost aus dem Fernsehen.

Die Tatsache, dass der Vietnamkrieg der erste Krieg ohne offizielle Pressezensur war, war auch der Grund, dass er der einzige unzensierte blieb. Die täglich gesendeten grausamen Bilder stumpften einerseits ab, provozierten jedoch andererseits auch weltweiten Widerstand gegen diesen Krieg. Daraus lernte nicht nur das Pentagon.

Der entscheidende Umschwung der öffentlichen Meinung in den USA wurde aber nicht von den schonungslosen, unzensierten Berichten verursacht, sondern dadurch, dass immer mehr tote Soldaten nach Hause gebracht wurden. Die Medien waren, so schätzt man heute ein, nicht die Urheber der Proteste, sondern allenfalls deren Verstärker. Dennoch trug diese unzensierte Kriegsberichterstattung zur Selbstglorifizierung des Journalismus bei.

Beim Krieg der von den USA geführten »Koalition der Willigen« gegen den Irak 2003 wurde die Lüge von Massenvernichtungswaffen als Aggressionsgrund kreiert (beim Vietnamkrieg war's der angebliche Überfall auf zwei US-Schiffe im Golf von Tonkin 1964). Diesmal sollten »embedded journalists« die Bilder liefern. Viele Journalisten vornehmlich der etablierten Medien – große Sender, so heißt es, gaben anfangs eine Million Dollar pro Tag für die Kriegsberichterstattung aus – ließen sich bereitwillig von den Presseoffizieren in die Irre führen und mit falschen Informationen beeinflussen. Zuvor hatten sie dazu beigetragen, dass die regierungsoffizielle Lüge von der Existenz irakischer Massenvernichtungswaffen weltweit verbreitet wurde. Später wurden die Fake News enttarnt, und die vermeintlich unabhängigen, kritischen Journalisten rechtfertigten sich, dass es nicht ihre Aufgabe sei, Regierungsinformationen zu prüfen und eigenständige Analysen vorzunehmen. Vielmehr käme es darauf an, den Lesern zu berichten, was die Regierung über das Waffenarsenal des Irak denke. (Judith Miller in der *New York Times*[27]) Die Massenmedien hatten dafür gesorgt, eine Mehrheit in der Bevölkerung für den Krieg zu organisieren.

Daran wurden Heiner Sylvester und ich immer wieder erinnert, als wir uns die Berichterstattung über die Ukraine in deutschen Medien in den letzten Jahren anschauten. Diese war ziemlich uniform und bis Anfang 2014 insofern regierungskritisch, als sie sich ausschließlich gegen Kiew und die Janukowitsch-Administration richtete. Da folgte man der Berliner Regierungslinie nach dem Strickmuster von Gut und Böse. Die inhaftierte Julija Timoschenko wurde als Jean d'Arc präsentiert, als Vorkämpferin für die Demokratie in der Ukraine und Unschuld vom Lande, die in die Klauen eines pro-russischen Diktators geraten war, aus denen sie befreit werden musste. Jene Leute, die sie verurteilt und eingesperrt hatten und ihre Behandlung in der Berliner Charité verweigerten, waren die Bösen, die man mit Missachtung und Sanktionen strafte. Kanzlerin Merkel, die bekanntermaßen eine Freundin des Fußballsports ist, blieb – entgegen ihrer Gewohnheit – den Spielen der deutschen Nationalmannschaft bei der EM 2012 fern. Zumindest den drei Begegnungen der deutschen Auswahl in der Ukraine, um nicht Präsident Janukowitsch treffen zu müssen.

Nicht eines der meinungsbildenden Medien in Deutschland brach aus dem regierungsoffiziellen Konsens aus und fand ein bedenkliches Haar in der Suppe. Kiew stand am Pranger, weil zu russenfreundlich. Timoschenko war nur der emotional wirkende

Anlass – Frau, krank, inhaftiert, unschuldig. Jeder ihr – angeblich gewaltsam – zugefügte blaue Fleck ging durch alle deutschen Blätter, und ihre Tochter bekam einen Fototermin mit der Kanzlerin. Nicht einer der auf diese Weise instrumentalisierten Journalisten fragte sich: Könnte es nicht sein, dass diese Frau ihr legitimes privates Anliegen – nämlich aus dem Gefängnis freigelassen zu werden – sehr wirksam und ziemlich geschickt zu einem gesellschaftlichen macht? Nämlich: Wenn die Ukraine in die EU will, geht das nur mit mir. Die Vorgeschichte dieser Frau reichte nie weiter als bis zur Orangenen Revolution 2004 und dem gemeinsam mit Präsident Juschtschenko und Parlamentspräsident Jazenjuk 2007 gestellten Antrag an EU und NATO, die Ukraine in diese Bündnisse aufzunehmen. Damals hatte man sie ins westliche Herz geschlossen, wo sie lange wohnte, da blieb jede Kritik und jede Nachfrage aus. Heute gilt sie als »Lügenbaronin der Ukraine« – siehe *Handelsblatt* vom 12. Februar 2019. Bei den Parlamentswahlen im Juli 2019 kam die von ihr geführte *Vaterlandspartei* auf knapp 8,2 Prozent.

Als Ende November 2013 der geschmähte »Gefängnisdirektor« Janukowitsch in Vilnius auch noch die Unterschrift unter das Assoziierungsabkommen verweigerte, verlor die Kritik jegliches Maß. »Die ukrainische Opposition«, so schrieb am 29. November 2013 die Wochenzeitung *Die Zeit*, »wirft Präsident Viktor Janukowitsch seit Langem vor, er habe Angst. Angst vor demokratischem Wettstreit und europäischen Standards. Nun sei der Beweis erbracht. So zumindest sieht es Boxweltmeister Vitali Klitschko: ›Janukowitsch hat panische Angst, die Macht zu verlieren‹, sagte der Chef der proeuropäischen Partei *Udar* (Schlag).«[28] Interessant ist, dass bereits zu jenem Zeitpunkt die Machtfrage aufgeworfen wurde. Und zwar von Klitschko, dem »derzeit wichtigsten Herausforderer des Präsidenten« (ebd., *Die Zeit*).

Bundeskanzlerin Merkel war sich inzwischen bewusst, dass nicht allein die Ukraine und die Janukowitsch-Administration Schuld daran trugen, dass man sich in eine politische Sackgasse hineinmanövriert hatte. Sie kündigte an, »in Zukunft mit Russland stärker darüber zu reden, wie wir aus dem Entweder-oder (zwischen Ost und West) herauskommen«. Diese Position war offenkundig in ihren westlichen Kreisen nicht mehrheitsfähig. EU-Ratspräsident Barroso erklärte: »Wir holen prinzipiell keine Dritten dazu, wenn wir bilaterale Gespräche führen.«

Am 18. November 2013 hatte die Kanzlerin in einer Regierungserklärung vorm Deutschen Bundestag jedoch unüberhörbar Zweifel angemeldet, dass man die Ukraine gewinnen könne. Vielleicht wollte man es unter den gegebenen Umständen auch nicht mehr: »In diesen Tagen – ich sagte ja, es sind noch zehn Tage bis zu dem Gipfel – findet eine Vielzahl von Gesprächen statt, ebenso Beratungen im ukrainischen Parlament. Heute muss ich Ihnen hier sagen: Es ist noch nicht abzusehen, ob die Ukraine willens ist, die Voraussetzungen für eine mögliche Unterzeichnung zu schaffen.«[29]

Die USA in Gestalt der Vize-Außenministerin Victoria Nuland artikulierte es noch deutlicher: »Fuck the EU.« Was so viel hieß: Lass die Europäer doch quatschen, wir machen unser eigenes Ding.

Als man sich in Vilnius traf mit den Abgesandten der Ukraine, Georgiens, Moldawiens, Armeniens, Aserbaidschan und Belarus – jenen sechs ehemaligen Sowjetrepubliken, die man ins EU-Boot holen wollte – und der Schlüsselstaat, die Ukraine, sich verweigerte, demonstrierten seit einer Woche Tausende auf dem Maidan. *Die Zeit* (ebd.) äußerte Sorge: »Es ist allerdings zweifelhaft, dass sie schnell eine Massenbewegung wie 2004 in der Orangenen Revolution entfesseln können.« Da hatte die deutsche Presse ihre Rechnung ohne die in Kiew tätigen auswärtigen Geheimdienste gemacht. Und die deutsche Presse fehlte, als in Vilnius hinter verschlossenen Türen mit Janukowitsch gesprochen wurde. Sonst wäre, möglicherweise, die Berichterstattung ein wenig anders ausgefallen. Auf den nachfolgenden Seiten kann ich exklusiv nachliefern, was ihr damals in Vilnius entging.

Merkel fiel aus der Rolle

Wir trafen uns in der Prager Altstadt in einem Café gegen Ende des Jahres 2017. Štefan Füle beendete das Gespräch mit seiner Tochter, als er mich kommen sah, und verabschiedete sie. Wir hatten uns telefonisch verabredet, dabei auch vereinbart, dass wir, wenn wir über den 2013er-Gipfel in Vilnius sprechen würden, uns dabei der russischen Sprache bedienten. Es ist meine Muttersprache, obgleich ich in der Ukraine geboren und aufgewachsen bin. Und ihm, dem Tschechen, war Russisch ebenfalls vertraut. Füle hatte in den frühen 80er-Jahren in Moskau am Staatlichen Institut für internationale Beziehungen (IMO) studiert. Danach war er in den diplomatischen Dienst der ČSSR eingetreten, hatte 1988 am UN-Studienprogramm für Abrüstung teilgenommen und in den 1990er-Jahren bei den Vereinten Nationen sein inzwischen neu aufgestelltes Land[1] vertreten. Danach war er tschechischer Botschafter in Litauen, dann in Großbritannien und schließlich Ständiger Vertreter Tschechiens im Range eines Botschafters bei der NATO. Nach einem Intermezzo als Minister in Prag holte ihn José Manuel Barroso – einst Portugals Ministerpräsident, nunmehr zum zweiten Mal Präsident der Europäischen Kommission – 2010 als EU-Kommissar für Erweiterung und Europäische Nachbarschaftspolitik nach Brüssel. Füle übte diese Funktion bis Ende 2014 aus, dann kehrte er in seine Heimat zurück, wo er seither lebt und arbeitet. Ohne politisches Amt.

Trotzdem fand sich sein Name auf jener Liste, die Moskau im Mai 2015 mehreren EU-Botschaften übermittelte. Dort waren 89 Personen genannt, die fortan mit einem Einreiseverbot nach Russland belegt worden waren. Der Kreml reagierte damit auf die von der Europäischen Union im Zuge des Krim-Konflikts und der Ukraine-Krise gegen Russland verhängten Strafmaßnahmen, einschließlich der Reiseverbote für russische Politiker. »Überraschenderweise ist auch die Chefin der schwedischen Steuerbehörde, Eva Lidström Adler, mit einem unbefristeten Einreiseverbot nach Russland belegt worden. Weitere prominente Namen auf der Liste sind der Vorsitzende der liberalen Fraktion im Europaparlament, Guy Verhofstadt, der frühere tschechische EU-Erweiterungskommissar Štefan Füle und der bisherige britische Vizepremierminister Nick Clegg (Liberaldemokraten)«, schrieb das deutsche Nachrichtenmagazin *Der Spiegel* am 30. Mai 2015.[2]

Füle ist Mitte 50, das Blondhaar füllig und gescheitelt auf der linken Seite, er blickt freundlich durch die randlose Brille und wirkt nicht wie ein desinteressierter, ausschließlich in der Vergangenheit lebender Politrentner. Das Gespräch, in das wir rasch finden, ist anregend und offenbart, dass er sich nicht aufs Altenteil zurückzuziehen gedenkt. Dazu stoppt er zu oft das Diktiergerät. Wer Äußerungen »out off the record«, also außerhalb des Protokolls, macht, hat noch einiges im Leben vor und möchte sich nicht mit Aussagen belasten, die man ihm später vielleicht vorhalten könnte. Ab und an klopft er mir auf die Schulter, nicht anbiedernd, eher anerkennend, wenn ich ihm einen Sachverhalt aus einem meiner Gespräche mit Ex-Politikern aus der Ukraine nenne, der ihm neu zu sein scheint. Bis auf Janukowitsch habe ich alle wichtigen Personen getroffen und sie befragt. Von Füle erwarte ich nun Auskünfte über die Gipfelgespräche in Vilnius Ende November 2013. Füle war seinerzeit eine Schlüsselfigur bei der Osterweiterung der EU, er ist in meinen Augen auch der wichtigste Zeuge der vertraulichen Gespräche, die damals hinter verschlossenen Türen geführt worden sind. Štefan Füle wirkt überzeugend, souverän, ein Diplomat eben, der sich loyal und sachlich über die beteiligten Personen äußert. Das vor allem, so scheint mir, macht seine Glaubwürdigkeit aus.

Lassen Sie uns eingangs auf Grundsätzliches eingehen. Die Europäische Union – 1957 von sechs Staaten als Europäische Wirtschaftsgemeinschaft (EWG) gegründet – zählt inzwischen 28 Mitglieder. Kroatien ist das letzte Land auf der Liste, es wurde 2013 Mitglied. Das einzige Land übrigens, das in Ihrer Zeit als Kommissar für die EU-Erweiterung aufgenommen wurde. 2004 und 2007 war ein Dutzend zumeist ost- und südosteuropäischer Staaten hinzugekommen. Wie geschieht so etwas, nach welchen Kriterien drückt Brüssel ein Land ans Herz?

Theoretisch kann jedes europäisches Land Mitglied der EU werden, wenn es, wie es im Vertrag über die Europäische Union heißt, die demokratischen Werte der EU respektiert und sich dazu verpflichtet, sie zu fördern. Allerdings müssen dazu politische, wirtschaftliche und rechtliche Kriterien erfüllt sein.

Als da wären?

Erstens müssen stabile Institutionen existieren, welche Rechtsstaatlichkeit und Demokratie, Menschenrechte eingeschlossen, gewährleisten. Zweitens muss eine funktionierende Marktwirtschaft vorhanden sein, die fähig ist, dem Wettbewerbsdruck und den Marktkräften innerhalb der EU standzuhalten. Und drittens schließlich müssen die Rechtsvorschriften und Verfahren der EU akzeptiert werden.

Ein Land erklärt also, dass es diese Kriterien alle erfülle, und schon ist es mit dabei.

Nein. Natürlich erfolgt eine Prüfung von außen. Das Beitrittsverfahren erfolgt in drei Stufen. Zunächst wird dem Land gesagt, dass oder ob es Chancen hat – das heißt, es wird die Perspektive der Mitgliedschaft eröffnet. Im zweiten Schritt erhält es den offiziellen Status als Kandidatenland, drittens beginnen schließlich formelle Beitrittsverhandlungen. Dabei geht es in der Regel um Reformen, die die Übernahme geltender EU-Rechtsvorschriften ermöglichen sollen. Wenn die Verhandlungen und entsprechenden Reformen zur Zufriedenheit beider Seiten abgeschlossen wurden, kann das Land beitreten – doch auch da müssen alle EU-Länder zustimmen.

Und welchen Platz hat dabei ein »Assoziierungsabkommen«?
Frankreich setzte in der EWG 1958 die »Assoziierung« seiner Kolonien durch, d. h. denen wurden Rechte und Pflichten eingeräumt, ohne selbst Mitglied zu sein. Die Assoziierungsabkommen, über die wir jetzt reden, sind jedoch ganz anderer Natur. Polen regte an, die Reformprozesse in ehemaligen Sowjetrepubliken zu unterstützen, wollte »eine östliche Dimension der EU« verstärken, was sicherlich nicht ganz uneigennützig gedacht war. Man kennt die Haltung Polens gegenüber Russland. Im Rahmen einer Östlichen Partnerschaft sollten zunächst Assoziierungsabkommen mit an einem EU-Beitritt interessierten Ländern im Osten geschlossen werden, um dort die Prozesse zu beschleunigen, die die politische und wirtschaftliche Integration in die EU ermöglichen sollten. Also eine Art Vorstufe vor dem Beitrittsverfahren. Im Gespräch waren damals sechs Staaten: Armenien, Aserbaidschan, Georgien, Moldawien, die Ukraine und Belarus.

Angesichts der politischen und wirtschaftlichen Verhältnisse in diesen Staaten – einschließlich meiner Heimat, der Ukraine – bestanden nach meiner Kenntnis weder vor zehn Jahren noch heute Voraussetzungen für einen EU-Beitritt. Und weil die Probleme so gravierend waren und sind, sagte die EU, weil sie ja offenkundig diese Staaten – aus welchen Gründen auch immer – mit ins Boot holen wollte: »Verloben wir uns, geheiratet wird später. Also schließen wir ein Assoziierungsabkommen.« Erstmals sollte das mit der Ukraine bereits im Dezember 2011 paraphiert werden, was aber nicht geschah.
Ausgesetzt wegen der Inhaftierung von Timoschenko.

Ein Vierteljahr später, Timoschenko war noch immer inhaftiert, wurde trotzdem paraphiert.

Auf niedrigster protokollarischer Ebene, in einer reinen Arbeitsatmosphäre. Es war nur ein erster Schritt. Alles beschränkte sich auf das rein technische Verfahren der Paraphierung des Dokuments durch die Leiter der Verhandlungsdelegationen, Miroslav Lajcak vom Europäischen Auswärtigen Dienst und Pavlo Klimkin, stellvertretender Außenminister der Ukraine. Alles Weitere hänge von den politischen Entwicklungen in der Ukraine ab, erklärte ich damals im Namen der EU-Kommission. Es sei noch ein weiter Weg bis zur Unterzeichnung des Abkommens.

Nun verstehe ich eines nicht: Die deutsche Bundesregierung begleitete diese Paraphierung im Frühjahr 2012 mit dem Kommentar, sie erwarte »von der ukrainischen Regierung nachweisbare Fortschritte in Richtung Demokratie und Rechtsstaatlichkeit. Andernfalls ist eine Unterzeichnung des EU-Ukraine-Assoziierungsabkommens nur schwer vorstellbar«. Anderthalb Jahre später – Timoschenko war noch immer in Haft – fand der Gipfel in Vilnius statt. Dort wurde nun Präsident Janukowitsch bedrängt, das Assoziierungsabkommen zu unterzeichnen. Dabei hatte sich die Situation in der Ukraine keineswegs verändert. Erklären Sie mir das, ich verstehe das nicht.

Im Vorfeld des Gipfels habe ich intensiv mit Arbusow verhandelt ...

... dem ersten Stellvertreter von Premierminister Asarow und Vertrauten von Präsident Janukowitsch ...

Ja. Zehn Tage vor dem Gipfel war ich auch in Kiew und habe mit Janukowitsch gesprochen. Arbusow und ich erörterten vornehmlich die wirtschaftliche Situation der Ukraine und die technischen Probleme, die ein möglicher Beitritt bringen würde. Wir sprachen nur darüber, nicht über die politische Seite, denn dort standen die Signale in gewisser Weise in Berlin auf Gelb-Rot, Kanzlerin Merkel hatte in ihrer Regierungserklärung am 18.

November 2013 deutlich Zweifel an der Vertragsunterzeichnung geäußert: »Es ist noch nicht abzusehen, ob die Ukraine willens ist, die Voraussetzungen für eine mögliche Unterzeichnung zu schaffen.«[3]

Sie machte aber auch Avancen: »Wenn die Ukraine unsere Erwartungen erfüllt und wir somit unterzeichnen können, dann könnten wir der Ukraine nicht zuletzt über eine breite vorläufige Anwendbarkeit des Abkommens auch für den Fall den Rücken stärken, dass sie sich mit Nachteilen seitens Russlands konfrontiert sieht.«[4] Wie sah das aus?

In den Gesprächen mit Arbusow stand das Angebot Russlands an die Ukraine im Raum, statt der EU der Zollunion beizutreten. Das haben wir auch in Moskau erörtert. Wir waren mit einer großen Delegation der Europäischen Kommission Ende Februar 2013 dort. Diese Konsultationen mit der russischen Regierung fanden alle zwei Jahre statt. Ich habe dort erklärt, dass unser Integrationsprojekt und das Projekt Zollunion nicht kompatibel seien. Nicht vorrangig auf der politischen, sondern auf der juristischen Ebene. Wenn beispielsweise die Ukraine der Zollunion angehöre, würde ein Teil ihrer Souveränität in Außenwirtschaftsfragen an den Eurasischen Wirtschaftsrat in Moskau abgegeben werden. Eine Assoziierung der Ukraine mit der EU würde zur Folge haben, dass der gesamte Fahrplan dann mit Moskau koordiniert werden müsste. Und nicht nur der Fahrplan, sondern alle Verträge und Abkommen. Chaotisch und darum irreal.

Auf der anderen Seite, zweitens, haben wir der russischen Regierung deutlich gemacht, wir seien sehr daran interessiert, dass unsere Nachbarn gute Beziehungen zu ihren Nachbarn pflegen. Wir wollen darum nicht, dass die Beziehungen der EU zulasten anderer traditioneller Beziehungen gingen. Im Gegenteil: Sie sollten vertieft werden, wie auch die EU die strategischen Beziehungen mit Russland entwickeln wollte. Sofern also die politischen Schritte der Zollunion mit dem Assoziierungsabkommen und umgekehrt miteinander kollidierten, müssen wir diese Fragen besprechen und uns nicht gegenseitig behindern.

Drittens schließlich erinnerte ich daran, dass die EU bereits seit fast 60 Jahren ihren Weg geht, dass dort ein eigenständiger Rechtsrahmen entstanden ist, der auch funktioniert und sich bewährt hat. Die Eurasische Zollunion habe erst jetzt zu arbeiten begonnen und entwickle sich in eine andere Richtung. Das erschwere eine Zusammenarbeit.

Wir schlugen aber rechtliche Rahmenbedingungen vor, wo bei einzelnen Pilotprojekten eine Konvergenz der Regeln möglich sein würde. Dabei ging es vorrangig darum, den Handel und die wirtschaftlichen Beziehungen zu entwickeln. Die Reaktion der Russen: Ein sehr interessanter Punkt, vielen Dank. Was steht noch auf unserer Tagesordnung?

Mit anderen Worten: Sie wollten nicht darüber diskutieren?

Genau. Sie wollten, wie immer, zunächst die großen politischen Fragen geklärt haben, ehe sie sich technischen und Detailfragen zuwandten. Das ist eine Methode der Diplomatie – eine andere, die ich bevorzuge, ist zunächst über jene Fragen zu reden, deren Lösung möglich ist. Das waren bei diesem Komplex die technischen und nicht die politischen Details.

Es kam damals, Anfang 2013, also kein Dialog mit Moskau beim Thema EU-Assoziierung-Zollunion zustande?

Nein. Erst 2014, nach dem Maidan, geschah das. Ich erinnere mich, dass Putin im Dezember 2004 beim Besuch des spanischen Ministerpräsidenten Zapatero in Moskau auf die Frage nach einer möglichen Mitgliedschaft der Ukraine in der EU erklärt hatte, dass ihm das keine Sorgen bereite. Mehr noch: »Wenn die Ukraine der EU beitreten will und dort willkommen ist, können wir das nur begrüßen.«[5] Wegen der engen wirtschaftlichen Beziehungen beider Länder könne Russland von einer EU-Mitgliedschaft der Ukraine nur profitieren. Neun Jahre später war in Moskau nicht nur erkennbar, sondern auch hörbar, dass man dort nicht einmal mehr über eine Assoziierung reden wollte. Putin gab zu verstehen, dass ein solches Abkommen schlimmste Konsequenzen für die russisch-ukrainischen Beziehungen haben werde.

Das heißt, 2013 sah Moskau das Problem ganz anders als noch 2004. Es war also eine Kurskorrektur erfolgt?
Eindeutig. Ein erstes deutliches Signal erfolgte am 14. August 2013, als der russische Zoll über Nacht sämtliche Importgüter aus der Ukraine als »Risikoware« einstufte. An der Grenze stauten sich Züge und Lastwagen, und in der Ukraine, die 25 Prozent ihrer Exporte in Russland verkaufte, herrschte helle Aufregung. Der »Handelskrieg« dauerte nur wenige Tage, machte aber deutlich, dass Moskau mit dem fertig ausgehandelten Assoziierungs- und Freihandelsabkommen nicht einverstanden war. Präsidentenberater Sergej Glasjew wurde vorgeschickt und erklärte, der in der Ukraine sehr hohe Preis für russisches Gas könne sinken, falls Kiew seine »kranken Träume« von Europa aufgebe. Falls nicht, müssten gemeinsame Vorhaben in der Atomindustrie, bei der Rüstung oder in der Luft- und Raumfahrt »überprüft« werden, wenn die Ukraine ihren »selbstmörderischen« Westkurs fortsetze. Und natürlich werde auch zur Sprache kommen, ob die bisher gültigen ukrainisch-russischen Freihandelsvereinbarungen nicht aufgehoben werden müssten.

Es heißt, Kiew selbst habe in Brüssel interveniert und darum gebeten, die Sache mit dem angeblichen Handelskrieg nicht so hoch zu hängen und die diesbezügliche Kritik an Russland abzumildern. Es habe mehrere Briefe gegeben.
Ja.

Offizielle, also von der Regierung oder nachgeordneter Institutionen?
Nein.

Von wem dann?

Von einigen Oligarchen, die ihre Geschäfte mit Russland gefährdet sahen.

Wenn es sich um jene handelte, die Präsident Janukowitsch stützten – etwa die Stahl-Milliardäre Rinat Achmetow und Viktor Pintschuk, aber auch der Schokoladenproduzent Petro Poroschenko –, dann galt doch denen dieser Schuss vor den Bug und nicht der Kiewer Administration.

Die Situation war damals jedenfalls sehr angespannt. Und ich sprach und verhandelte kontinuierlich mit dem Stellvertreter des Ministerpräsidenten Asarow, Sergej Arbusow. Ich meine, dass wir sehr offen und ehrlich miteinander umgingen. Wir bilanzierten, welche Gewinne und welche Verluste für die EU und für die Ukraine eintreten könnten, wenn eine Assoziierung und perspektivisch eine Mitgliedschaft erfolgte. Welchen Preis die Ukraine zu zahlen habe und welche Konsequenzen kurz-, mittel- und langfristig zu erwarten seien. Wir gingen da ganz nüchtern, ganz technokratisch vor. Die politische Seite blendeten wir nahezu aus.

Dann meinte Asarow, dass die Sache für die Ukraine doch teurer käme, als wir meinten, zumal die Zuwendungen und Kredite der EU nicht annähernd die Verluste kompensierten, die durch den möglichen Ausfall Russlands entstünden.[6] Wir analysierten wieder, rechneten, überlegten. Zehn Tage, vielleicht auch eine Woche vor Vilnius, so genau weiß ich das nicht mehr, sagte man mir die Europäische Kommission, ich müsse nach Kiew fliegen. Man habe mit Präsident Janukowitsch telefoniert. Das Parlament in Kiew habe sechs Gesetzesvorlagen abgelehnt, Timoschenko zur medizinischen Behandlung nach Deutschland ausreisen zu lassen. Damit sei das Freihandels- und Assoziierungsabkommen mit der EU, das in Vilnius Ende des Monats unterzeichnet werden solle, gefährdet. Die meisten EU-Staaten hatten die Freilassung Timoschenkos zur Bedingung für ihre Zustimmung zu diesem Abkommen gemacht.

Nun muss man wissen, dass ich bei all meinen Begegnungen mit den führenden Politikern der Ukraine den Eindruck gewonnen hatte, dass sie ausnahmslos nach Europa wollten, ohne die guten Beziehungen zu Russland zu gefährden oder gar aufs Spiel zu setzen. Sie standen aber unter Druck von beiden Seiten, denn sowohl die EU als auch Moskau verlangten ganz oder gar nicht, alles oder nichts. Und Janukowitsch musste zudem zwischen seinen Oligarchen lavieren, von denen ein Teil pro-russisch, der andere Teil pro-westlich war. Ich flog also im Auftrag des Präsidenten der Europäischen Kommission nach Kiew.

Sie erwähnten beiläufig, dass die EU-Staaten ihre Zustimmung zu diesem Abkommen von der Freilassung Timoschenkos abhängig machten. Das heißt doch: Nicht nur Kiew, sondern auch die EU waren vor Vilnius unentschieden?

Ja. Und deshalb war ich in Kiew. Die Agenturen vermeldeten über meinen Blitz-Besuch am 21. November 2013 gegen Mittag: »Die Reise ist Teil der fortgesetzten Bemühungen, die Entschlossenheit der EU zu unterstreichen, das Assoziierungsabkommen mit der Ukraine zu unterzeichnen, sofern die Ukraine die Voraussetzungen erfüllt‹, sagte der Kommissionssprecher. Die letzte Entscheidung auf der Seite der EU müssten die Mitgliedstaaten treffen. Der Sprecher wollte nicht über ›mögliche Szenarien spekulieren‹, falls der Fall Timoschenko bis zu dem Gipfel ungelöst bleibe.«

Sie waren nun also bei Präsident Janukowitsch. Welchen Eindruck hatten Sie?

Mir fiel auf, dass Leute um ihn herum waren, die ich noch nie gesehen hatte. Janukowitsch hatte ein Blatt vor sich liegen und trug mir Zahlen vor, wie ihre Wirtschaft nach bestimmten Maßnahmen Moskaus eingebrochen sei. Vor allem im Osten des Landes. Ich fragte ihn, von welchen Experten er die Zahlen habe, von uns, also der EU, von ukrainischen Experten oder von der Eurasischen Bank, die, wie ich wusste, dem Assoziierungs-abkommen sehr kritisch gegenüberstand. Die Daten seien von russischen Experten, aber die ukrainischen Fachleute stimmten ihnen zu. Darauf ich: Warum haben wir diese Zahlen nicht? Antwort: Weil sie geheim seien. Sie könnten sie auch nicht öffentlich machen, dann gebe es Panik.

Janukowitsch war innerlich zerrissen?

Nicht zerrissen. Der stand nur unter großem Druck von mehreren Seiten. Und der Druck kam, wie viele bei uns irrtümlich zu wissen meinten, eben nicht nur aus Moskau. Ich habe also bis Vilnius und auch noch dort in der Nacht mit Arbusow verhandelt. Dann haben wir ein Papier aufgesetzt, in welchem alle Einwände und Kritiken konstruktiv und sehr sensibel aufgegriffen wurden, weil wir beide entschlossen waren, die Probleme auszuräumen und die Assoziierung doch noch möglich zu machen. Wir nannten auch die Summe, mit der die EU der Ukraine helfen wollte, den Vertrag zu erfüllen und die Reformen zu beginnen.

Mit diesem Arbusow-Füle-Papier fuhr Arbusow zum Flugplatz, um es Präsident Janukowitsch gleich nach dessen Landung in die Hand zu drücken. Und ich nahm es mit zum Abendessen, das der Präsident des Europäischen Rates, Herman Van Rompuy, und der Präsident der Europäischen Kommission, José Barroso, für die Gipfelteilnehmer gaben. Zugegen waren auch andere hochrangige Politiker, etwa die EU-Außenbeauftragte Catherine Ashton und die Präsidentin des Gastgeberlandes Litauen, Dalia Grybauskaitė. Etwa eine Stunde lang stimmten wir uns ab, wie wir uns während des Gipfels verhalten, wie wir auftreten wollten. Und wir sprachen über das Papier, das ich mit Arbusow formuliert hatte. Nun hatte ich nicht unbedingt mit Beifall gerechnet, aber die Skepsis, ja, Ablehnung überraschte mich denn doch. Am Ende akzeptierten es schließlich alle. Bei dem Treffen Barrosos und Van Rompuys mit Janukowitsch wollte man es unterzeichnen.

Was aber nicht geschah.

Was aber nicht geschah. Ich glaube, dass sich Janukowitsch bereits vor dieser Begegnung entschieden hatte, es nicht zu unterzeichnen. Er überraschte vor Beginn des Gespräches mit der Feststellung, dass Moskau der Ukraine einen Kredit von 15 Milliarden US-Dollar bewilligt habe, womit der vom Internationalen Währungsfonds in Aussicht gestellte und nunmehr ausgebliebene Betrag, weil die vier daran geknüpften Bedingungen von der Ukraine nicht erfüllt worden waren, kompensiert würde. Nach meinem Eindruck interessierte sich Janukowitsch mehr für seine Wiederwahl im März 2015 als für alles andere. Er spielte auf Zeit, die er glaubte mit dem russischen Kredit zu gewinnen, verschob das Assoziierungsabkommen um, sagen wir ein Jahr, um dann EU-Mittel zu erhalten. Am Tag seiner Amtseinführung würde er das Papier vielleicht unterzeichnen.

Das ist Ihre Interpretation.

Ja, so schätzte ich ihn ein. Ich glaube, Janukowitsch wollte erst die Russen, dann die EU über den Tisch ziehen. Er spekulierte darauf, auf diese Weise durchzukommen. Er dachte ziemlich einfach. Mit Verweis auf den – vermeintlichen oder tatsächlichen – Druck aus Moskau hatte er in Vilnius für die Ukraine unverhohlen 160 Milliarden US-Dollar bis 2017 gefordert. Wir konnten und wollten solche utopischen Summen nicht zahlen, die dann in einem korrupten System versickern würden. Wir waren auch nicht bereit, auf den IWF einzuwirken, damit der seine Reformvorgaben lockerte, um Kredite für die Ukraine zu ermöglichen. Der IWF hatte seine Bedingungen auch anderen Krisenstaaten der EU gestellt. Warum sollte die Ukraine als Nichtmitglied eine Sonderrolle bekommen? Der Gipfel in Vilnius war ein Fiasko, er endete auch Stunden vor der Zeit. Das Ziel hatte darin bestanden, sechs ehemalige Sowjetrepubliken näher an den Westen heranzuführen. Georgien und Moldawien paraphierten, Belarus hatte sichtlich kein Interesse an einer Kooperation,

Armenien hielt sich für zu schwach, um sich von Russland abzuwenden, das öl- und gasreiche Aserbaidschan hatte die EU nicht nötig, und die Ukraine, wirtschaftlich und politisch malade, von ihrer Führung zum Lavieren zwischen den unterschiedlichen Interessengruppen gezwungen, hatte sich verweigert.

Es soll am Rande des Gipfels auch ein Unter-vier-Augen-Gespräch der Bundeskanzlerin mit Janukowitsch gegeben haben, was nicht sehr angenehm gewesen sein soll.

Das trifft zu. Es soll ein sehr emotionales Gespräch gewesen sein, nicht unbedingt die hohe Schule der Diplomatie. Angela Merkel schien für die wirtschaftlichen Probleme der Ukraine wenig aufgeschlossen zu sein und den Konflikt Politik-Wirtschaft zu ignorieren. Aus Konferenzkreisen hieß es anschließend, dass sie mit diesem konfrontativen Auftritt Europa mehr geschadet als genützt habe. Denn ein Ultimatum zu stellen – er solle unterzeichnen ohne Wenn und Aber und endlich Stärke zeigen –, hätte die EU weder von ihr verlangt noch wäre dies der Plan B gewesen. Auf Seiten der Europäischen Union gab es nur einen Plan A, nämlich die Ukraine, auch wenn uns deren Präsident nicht passte, in europäisches Fahrwasser zu bringen, ohne dabei die Russen zu verärgern oder gegen Europa aufzubringen.

Beschämend für die Europäische Union.

Ich würde sagen: ungeschickt. Es wäre die Aufgabe gewesen, Janukowitsch zu signalisieren, dass man seine Probleme verstehe, dass man gemeinsam nach Lösungen suchen wolle. Man hätte, statt mit einem Ultimatum zu drohen und ihn kleinzumachen, ihm zeigen müssen, wie beide Seiten ohne Gesichtsverlust aus dieser Zwangslage herauskämen. Beide Seiten hatten sich in eine Sackgasse manövriert – sie hätte auch gemeinsam wieder hinausfinden müssen. Selbst wenn Janukowitsch unterzeichnet hätte: Was ist ein Vertrag wert, der unter Druck zustande kommt? Andererseits: Ich glaube heute, dass die Entwicklung in der Ukraine nicht wesentlich anders gelaufen wäre, wenn Janukowitsch unterzeichnet hätte. Das Land war und ist wirtschaftlich ausgeblutet, weshalb Poroschenko, der Nachfolger von Janukowitsch im Amt des Präsidenten, wie ein Bettler um die Welt zieht und um Hilfe nachsucht. Als Grund für die Misere wird der Bürgerkrieg im Osten angegeben. Der ist nicht die Ursache für die nationale Katastrophe, sondern deren Ausdruck und auch Folge.

Manche sprechen von einer Verschwörung der Oligarchen ...
Natürlich wurde nach dem Gipfel die Schuldfrage gestellt. Wer ist ursächlich verantwortlich, dass Janukowitsch die Unterschrift für die Ukraine verweigerte? Und was waren die Gründe für die dann einsetzende Entwicklung? Wenn ich ehrlich bin, muss ich sagen: Wir, die EU, sind auch daran schuld. Denn erstens gab es keinen klaren Konsens zwischen den europäischen Staaten. Und das betraf nicht nur das Urteil in Bezug auf Janukowitsch, sondern auch die realistische Beurteilung der damaligen Situation in der Ukraine. Zweitens wussten wir zwar, was wir mit der Ukraine anfangen wollten, da gab es ehrgeizige, konstruktive Ziele und Vorstellungen. Aber wir hatten keine adäquaten Pläne in Bezug auf Russland. Anders gesagt: Es gab keine ausgewogene Politik der EU gegenüber Russland. Drittens schließlich haben wir wohl zu sehr europäische Interessen über die Interessen unserer Partner im Osten gestellt. Das scheint ohnehin das Dilemma der gegenwärtigen Politik weltweit zu sein: Man schaut verstärkt auf den eigenen Nabel und stellt die nationalen Interessen über die der anderen.

Das sind drei Fehler, die die EU gemacht hat. Oder?
Ja, drei Fehler der Europäischen Union.

Und Russland ist frei von Sünde?
Keineswegs. Auch Russland hat Fehler gemacht. Wer nicht?

Eine langfristig angelegte Geheimdienstoperation

Gelegentlich lud man mich zu Talkshows im Fernsehen ein, auch russische Sender darunter. Ich folgte solchen Einladungen gern, sagte aber vorab, dass ich mich zu allem äußern werde, was man mich fragt, bis auf ein Thema, zu dem ich nichts sagen wolle: zur Ukraine. Ich möchte nicht in die Situation geraten, etwas verteidigen zu müssen, was nicht verteidigt werden kann, und etwas zu kritisieren, was ich öffentlich nicht kritisieren möchte. Ich bin kein Hurrapatriot, sondern ein distanzierter Beobachter, will nicht in den Informationskrieg ziehen, sondern möchte für einen Informationsfrieden streiten. Das wurde stets akzeptiert.

Während einer solchen Sendung reichte man mir einen Facebook-Eintrag, der mir galt. Aha, dachte ich, wieder einer aus meiner ukrainischen Heimat, für den allein die Tatsache suspekt ist, dass ich in einem russischen Studio sitze. Ich lese auf dem Monitor den Text. Der Absender ist ein ziemlich bekannter Veranstalter von Literaturfestivals in der Ukraine, wir kennen uns gut. Er beschimpft mich wegen des Auftritts – offenkundig sieht er den Kanal, den man als ukrainischer Patriot doch nicht sehen dürfte – und erinnert daran, dass er mir einmal das Leben gerettet habe. Damals, in Kiew, als mich irgendwelche aggressiven Idioten in einem Keller zusammengeschlagen hatten. Das würde er jetzt bedauern.

Auf diesen Eintrag folgten etwa 300 Kommentare. Die Tendenz: Nun, das könne man ja noch immer nachholen, was damals nicht vollendet wurde …

Diese Art von persönlicher Betroffenheit ist Heiner Sylvester insofern fremd, als er – im Unterschied zu mir – nicht zwischen diese Informationsfronten geraten kann. Aber auch er hat in der Vergangenheit unangenehme Erfahrungen machen müssen, und zwar mit Geheimdiensten. Doch das merkt man ihm nicht an, als ich Generalmajor a. D. Alexander G. Jakimenko interviewe. Da ist er ganz Profi: Er sitzt dabei und sagt nichts.

Der ehemalige Luftwaffenoffizier Jakimenko, Jahrgang 1964, trat mit 35 Jahren in den ukrainischen Inlandsgeheimdienst SBU ein, seit 2012 war er Erster Stellvertreter des Chefs des Nachrichtendienstes und für die Bekämpfung von Korruption und Organisierter Kriminalität verantwortlich. Ein gutes Jahr führte er schließlich den SBU als dessen Chef bis Februar 2014.

Sie waren im Februar 2014 Chef des ukrainischen Nachrichtendienstes, als der Machtwechsel erfolgte. Der Nachrichtendienst ist normalerweise für die Sicherheit des Landes verantwortlich.

Das stimmt. Allerdings nicht operativ. Meine Mitarbeiter und ich waren Staatsangestellte, unsere Aufgabe bestand darin, Informationen zu sammeln, sie zu analysieren und alles nach oben weiterzugeben. Auf dieser Ebene wurden dann die politischen Entscheidungen getroffen, was zu tun ist, welche Maßnahmen ergriffen werden sollten. Wenn also Ihre Frage darauf zielt, dass der SBU ursächlich schuld am gesellschaftlichen Desaster 2013/14 war, muss ich dies verneinen.

Ich formuliere es dann so: Es war gewiss nicht sonderlich befriedigend für den Dienst, stets zu berichten, doch die Reaktionen blieben aus. Sie meldeten Handlungsbedarf an, doch es wurde auf der politischen Ebene nicht gehandelt.

Das trifft zu. Ich fühlte mich ziemlich ohnmächtig. Allen im Dienst, denen das Land am Herzen lag, ging es so. Man schlägt Alarm und nichts passiert. Das beschäftigt mich noch immer. Nicht die Frustration, sondern warum das alles so geschehen konnte, wie es geschah. Auch wenn uns die ganze Dimension dieser langfristigen komplexen Geheimdienstoperation ausländischer Mächte erst im Nachhinein bewusst werden sollte, sahen und berichteten wir vieles im Vorfeld, wogegen man hätte angehen können und müssen. Gut, gegen objektive Entwicklungsprozesse ließ sich schwer etwas ausrichten, wohl aber gegen konkrete Vorgänge, die wir registrierten und meldeten.

Was meinen Sie mit objektiven Entwicklungsprozessen?

Nun, in der ukrainischen Gesellschaft vollzogen sich seit Erlangung der Unabhängigkeit 1991, verstärkt aber seit der Jahrtausendwende, gravierende Veränderungen. Das hing einerseits mit dem Einzug kapitalistischer Verhältnisse zusammen – über die Konsequenzen im Detail müssen wir uns wohl nicht unterhalten. Andererseits veränderten sich die Lebensgewohnheiten und damit die Sozialstruktur im Lande. Zum Beispiel: Früher besuchte man die Schule am Ort, an dem man geboren wurde, machte danach eine Berufsausbildung oder studierte, und arbeitete schließlich in der gleichen Stadt oder Region, gründete eine Familie und so weiter. Aufgrund des starken sozialen Gefälles in der Ukraine zwischen den Regionen, vornehmlich zwischen Ost- und Westukraine, das nunmehr deutlich spürbar wurde, deutlicher als zu Sowjetzeiten, setzte eine Wanderungsbewegung im Lande ein. Nicht im industriellen Osten, da verdiente man gut, wohl aber in der Westukraine. Dort gab es kaum Industrie und wenig Arbeit. So drängten insbesondere junge Menschen in die Hauptstadt. Kiew wuchs binnen eines Jahrzehnts von etwa zwei auf drei Millionen Einwohner an. Das hatte verschiedene Folgen.

Welche zum Beispiel?

Im öffentlichen Leben spielten seit Beginn der Unabhängigkeit die Religion und damit die kirchlichen Institutionen eine wachsende Rolle. Im Osten gewann die russisch-orthodoxe Kirche an Einfluss, im Westen dominierte die erstarkte griechisch-katholische. In Kiew residierte schon immer der Metropolit, 2005 verlegte auch der katholische Großerzbischof seinen Sitz von Lwiw in die Hauptstadt.

Was hat dies mit der Veränderung der Gesellschaft zu tun?

Sehr viel. Wir als SBU verfolgten aufmerksam die wachsende Aktivität der griechisch-katholischen Kirche, die zunehmend zu einem politischen Faktor wurde. Sie machte die unglückliche Entwicklung der Westukraine in der Vergangenheit zu einem politischen Thema. Bekanntlich gehörte die Westukraine mal zu Polen, mal zu Russland, mal zum Habsburger Reich und schließlich zur Sowjetunion. Die Kirche würdigte explizit die Personen, die sich gegen nationale Unterdrückung aufgelehnt und gegen fremde Besatzer gekämpft hatten. Dabei stellte sie besonders den Beitrag der in den 20er-Jahren gegründeten *Organisation Ukrainischer Nationalisten* (OUN) heraus, die im Untergrund für eine unabhängige (West-)Ukraine gekämpft hatte – auch mit militärischen Mitteln in Gestalt der *Ukrainischen Aufstandsarmee* (UPA). Dass diese OUN-UPA auch mit der faschistischen Besatzungsmacht kollaborierte und bis in die 50er-Jahre hinein in Polen und in der Sowjetunion gegen die bestehende Rechtsordnung kämpfte, wurde bewusst ausgeblendet oder mit dem Hinweis gerechtfertigt, dass es gegen Stalin und die Kommunisten gegangen sei. Das rechtfertigte alles. Mit anderen Worten: Terroristen und Mörder, an deren Händen Blut klebte, wurden von der Kanzel als Patrioten gefeiert, was großes Echo fand: Die Kirche galt als eine moralische, also akzeptierte Institution. Und in den Augen vieler war es die einzige moralische Kraft im Lande, denn der etablierten Politik wurde misstraut: begründet oder aus Prinzip.

Aber nicht nur in der Kirche feierte man Stepan Bandera, Roman Schuchewytsch und andere Nationalisten und Extremisten.

Nein, aber die griechisch-katholische Kirche war ein wesentlicher Inspirator und Verbreiter der damit verbundenen nationalistischen und antirussischen Propaganda.

Und was hatte der SBU damit zu schaffen?

Nach unseren Informationen kam das Rohmaterial für diese zielgerichtete »Geschichtsarbeit« von westlichen Geheimdiensten, vor allem von der CIA.

Was heißt »Rohmaterial«?

Hintergrundwissen, historische Darstellungen, Propagandamaterial und Hinweise zum Umgang mit der westukrainischen Geschichte und deren unglücklichen Verlauf. Das waren ideologische Handreichungen zur Abgrenzung vom russischen Osten, im weiteren Sinne von Russland. Wasser auf alle nationalistischen, antisemitischen Mühlen ... Selbst Instruktionen für eine mögliche Teilung des Landes gab es von draußen, was aber schon über die Kirche hinausging und andere Kreise erfasste. So beobachteten wir seit 2010 erkennbare Anstrengungen, staatliche, wirtschaftliche, wissenschaftliche und militärische Institutionen vom Ost- in den Westteil der Ukraine zu verlegen – wegen der Gleichberechtigung und des Föderalismus, wie es hieß. So zog beispielsweise die Hochschule des Innenministeriums nach Lwiw ...

Das waren Prozesse, die schon viele Jahre liefen, als 2010 die Janukowitsch-Administration ins Amt gewählt wurde und ich Chef des SBU wurde. Im Nachhinein scheinen all diese Momente, die wir als Dienst zwar registrierten, aber nicht unbedingt als staatliche Bedrohung wahrnahmen, einer langfristigen Strategie zu folgen. Die Entwicklung besaß eine innere Logik, alles hing miteinander zusammen, es waren Bausteine einer gewaltigen Operation.

Ist das nicht ein wenig übertrieben? Bekanntlich hören Geheimdienste immer das Gras wachsen und die Flöhe husten. Haben Sie keine überzeugenderen Belege für das Wirken westlicher Nachrichtendienste in der Ukraine?

Bitte. Wir beobachteten beispielsweise die Veränderung der Fußballfanszene. Personen, die politisch dem westukrainischen

Nationalistenmilieu zuzurechnen waren und faktisch die geistigen Nachfolger der OUN-UPA waren, machten sich überall in den Fanklubs breit. 2005/06 übernahmen sie die Führung der Fanklubs von Schachtjor Donezk (ukr. Schachtar Donezk), Dnepr Dnepropetrowsk (ukr. Dnipro Dnipropetrovsk), Dynamo Kiew und Metalist Charkow (ukr. Metalist Charkiw). Die »Fans« wurden immer aktiver und lieferten sich Scharmützel mit den Ordnungs- und Sicherheitskräften im Umfeld von Spielen. Auch wenn wir diese Entwicklung unterschätzten und die Schlägereien als Auswuchs der Hooligan-Bewegung in Westeuropa betrachteten, sprachen wir mit Leuten wie Rinat Achmetow, dem Schachtjor Donezk gehörte. Als einer der einflussreichsten Männer in der Ukraine baten wir ihn, seinen Einfluss dafür zu nutzen, dass diese gewalttätigen Exzesse der Ultras unterblieben.

Allerdings ebbten die Zusammenstöße nicht ab. 2010/11 weiteten sich die Übergriffe aus, es gab nahezu organisierten Widerstand gegen die Ordnungskräfte. Das geschah auf lokaler Ebene, mitunter erfasste sie aber ganze Regionen. Wie sich herausstellte, war das eine Art Probelauf für die Fußball-Europameisterschaft.

Die 2012 in Polen und in der Ukraine stattfand.

Dort wurde generalstabsmäßig – auch im Wortsinn – zugeschlagen. Wie wir ermittelten, waren die Fan-Trupps bestens organisiert und instruiert: Sie wussten, wie man sich kleiden und verhalten musste, um nicht aufzufallen oder um genau das Gegenteil zu erreichen. Wie und wo man aktiv werden sollte, wie zu provozieren war und dergleichen mehr. Nachdem wir später über unsere Quellen erfuhren, mit welcher Akribie die Analytiker der westlichen Dienste alle Zusammenstöße und Reaktionen ausgewertet hatten, wurde uns bewusst, dass es denen um die Ausspähung unseres Sicherheitskonzeptes gegangen war. Sie hatten alles, heimlich oder offen, minutiös auch mit Video- und Fotokameras dokumentiert: wie die Befehlsketten liefen, wie die Eskalationsstufen funktionierten, wie die Zuführung der Sicherheitskräfte erfolgte, wo die

Lücken und Schwachstellen waren und so weiter. Sie klärten auf, wie die Staatsmacht – Polizei, Sicherheitsdienste, Verwaltung etc. – auf Gewalt, Proteste und Demonstrationen reagierte.

Wir glaubten anfänglich, dass die Fußball-EM für die Dienste lediglich die Nagelprobe war für die Olympischen Winterspiele im russischen Sotschi, das eine knappe Flugstunde von der ukrainischen Krim entfernt liegt. Die westlichen Dienste – von Interpol bis FBI und CIA – wollten einfach nur wissen, ob und wie unsere Sicherheitskonzepte bei Großveranstaltungen funktionierten. So sehr unterschieden sich nämlich unsere nicht von den russischen Konzepten. Und außerdem lernen alle Sicherheitsdienste, bewusst oder unbewusst, immer voneinander. Angesichts der Terroranschläge weltweit also war das etwas völlig Normales. Das war jedoch von uns ein wenig zu kurz gedacht. Sie hatten anderes im Sinn.

Nämlich?

Das, was wir heute wissen und damals nicht ahnten: einen Machtwechsel, oder wie man im Westen sagt: regime change. Die Amerikaner lieben in für sie strategisch wichtigen Regionen Regierungen und Regime, die ihnen zugetan sind. Jene, die ihnen nicht passen, schicken sie mithilfe »nationaler Erhebungen« oder »demokratischer Befreiungskriege« in die politische Wüste.

Sie denken an den Maidan in Kiew und die blutigen Zusammenstöße mit der Staatsmacht, die im Februar 2014 mit dem Machtwechsel endeten?

Natürlich. Wir hatten, was wohl für einen Nachrichtendienst normal ist, von Anfang an – also seit Beginn der Proteste im November 2013 – unsere Informanten auf dem Platz. Sie beobachteten nur und gaben ihre Feststellungen an die Zentrale weiter. Und wir informierten die politische Führung. Präsident Janukowitsch wollte Ruhe und Frieden um jeden Preis, »Reden statt Räumen«, selbst dann noch, als aktives Handeln erforderlich war.

*Wann hätte, Ihrer Meinung nach, die politische Führung aktiv ein-
greifen müssen?*

Vielleicht, als immer mehr ausländische Personen auf dem
Maidan erschienen, die, obgleich zivil und unauffällig wirkend,
für geübte Augen als Militärs erkennbar waren. Einige meinten
wir bereits in den sogenannten Techcamps gesehen zu haben.
Das waren Ausbildungseinrichtungen, die von NGOs in Iwano-
Frankiwsk, in Donezk und anderen Städten Monate vorher ein-
gerichtet worden waren. Solche Techcamps gab es auch in Polen,
Georgien und in den baltischen Republiken. Diese temporären
Ausbildungsstätten waren auch in der Werchowna Rada themati-
siert worden. In politisch-ideologischen Seminaren wurde in den
Camps Stimmung gemacht, Zweifel an der Regierung genährt, zu
Opposition und Widerstand aufgerufen, weshalb nicht nur Par-
lamentarier in Kiew der Meinung waren, dass diese Camps und
deren Programme eine direkte Einmischung in unsere inneren
Belange darstellten. Zumal sie aus auswärtigen Geldquellen ge-
speist wurden.

Dann kreuzten auf dem Maidan zunehmend auch auswär-
tige Politiker auf, sie kamen aus Polen, Deutschland, aus den
baltischen Republiken. Und natürlich Amerikaner. In der Regel
besuchten zwei-, dreimal in der Woche Vertreter der Kiewer US-
Botschaft die Protestler auf dem Platz. Die Amerikaner hielten
engen Kontakt zu den drei »Sprechern« der Protestbewegung Jazenjuk, Klitschko und Tjagnybok. Auf dem Maidan bemerkten wir
oft »frische« Dollar in beachtlichen Mengen, die in Umlauf gebracht wurden. Die Banknoten kamen, wie wir wussten, mit der
Diplomatenpost unkontrolliert ins Land. Und die Menge der Diplomatenpost nahm seit November 2013 stark zu.

*Alles keine Gründe, die »große Keule« zu schwingen, oder, wie Sie
meinten, die die Politik zum Handeln hätte veranlassen müssen?*

Das hätte man spätestens bei jenem Vorfall tun müssen, den
ich Ihnen jetzt schildern werde. Wir beobachteten mit Sorge,

dass immer mehr Waffen auf den Platz kamen und sich militärische Strukturen zu entwickeln begannen, die vom *Rechten Sektor* beherrscht wurden. Der *Rechte Sektor* war ein Zusammenschluss von Mitgliedern dreier militanter nationalistischer Organisationen: *Weißer Hammer*, eine 2013 gegründete militante Antikorruptions- und Anti-Drogen-Initiative; *Allukrainische Organisation »Trysub«*, nach Stepan Bandera benannt und Kern des *Rechten Sektors*; die neonazistische Vereinigung *Patriot der Ukraine*, einst als Jugendorganisation der Partei *Swoboda* gegründet.

Unsere Informanten berichteten, dass in einigen inzwischen besetzten Häusern sogenannte Forts eingerichtet worden waren, die speziell abgeschirmt und gesichert wurden. Das waren illegale Waffenarsenale. Wir erhielten heimlich gemachte Videoaufzeichnungen aus dem »Fort« im Gewerkschaftshaus, die einen Mann und einen 16-Jährigen zeigten, wie sie Molotowcocktails herstellten. Wir luden einen diplomatischen Vertreter der USA in die Wladimirskaja 33 – das ist der Sitz der SBU-Zentrale –, zeigten ihm diesen Film und andere Belege für die illegale Bewaffnung auf dem Maidan und schlugen ihm vor, dass wir zusammen – mit ihm, mit Vertretern der Ermittlungsbehörden und mit neutralen Beobachtern – ins Gewerkschaftshaus gehen und die Waffenkammer mit der Maßgabe inspizieren sollten, um gemeinsam Waffen, Sprengstoff, Schlagstöcke, Schilde und das ganze gefährliche Kriegsgerät vom Maidan zu bekommen. Unser Treffen wurde natürlich, wie es sich für einen Geheimdienst gehört, dokumentiert. Doch was geschah? Entgegen unserer Absprache – und damit unter Bruch auch aller internationalen Regeln – eilte der US-Diplomat danach allein ins Gewerkschaftshaus und erklärte anschließend vor der Presse, er habe, entgegen allen Behauptungen, *kein* Waffenlager auf dem Maidan vorgefunden.

Allerdings flog die nicht vorhandene Munitionskammer zwei Tage später in die Luft. Ein Mann verlor die Hand, jener 16-Jährige sein Augenlicht. Das Innenministerium wollte vor Ort ermitteln, wurde jedoch massiv daran gehindert. Ein Botschaftswagen fuhr vor, lud die beiden Verletzten ein und brachte sie nach Polen. Dann verloren wir ihre Spuren.

Geschichten dieser Art berichtete auch die andere Seite. Da waren sie, die friedlichen Demonstranten, die Opfer von Übergriffen der Staatsmacht. Ich erinnere an den Fall von Dmytro Bulatow, der – die Meldung ging um die Welt – am 24. Januar 2014 entführt und gefoltert worden war, wie es hieß. Das Weiße Haus in Washington zeigte sich äußerst »entsetzt«, die EU-Außenbeauftragte Catherine Ashton »schockiert«, NATO-Generalsekretär Anders Fogh Rasmussen war »beunruhigt« und Bundesaußenminister Frank-Walter Steinmeier (SPD) forderte die ukrainische Regierung auf, einer Behandlung Bulatows in Deutschland nicht im Wege zu stehen. Der ukrainische Oppositionsführer Arsenij Jazenjuk forderte vom Westen mehr Unterstützung für seine Bewegung, Vitali Klitschko wertete die Aktion als Einschüchterungsversuch der Opposition ...

Fiel Ihnen an der Meldung nicht auf, dass der als Oppositionsaktivist bezeichnete Bulatow zwar behauptete, er sei schwer misshandelt worden. Aber von wem er angeblich gefoltert und derart zugerichtet worden sei, sagte er nicht.

Wissen Sie es?

Nein. Nachdem die Bilder mit Bulatows blutüberströmten Gesicht weltweit ausgestrahlt worden waren, wurde er, meine ich, von deutschen oder polnischen Diplomaten außer Landes gebracht.

Sie sagten eingangs, dass Ihre Aufgabe lediglich darin bestanden habe, Ihre Vorgesetzten zu informieren, aber der Präsident setzte auf Verhandlungen statt auf Gewalt.

Ja. Ich will das nicht bewerten. Das aber war die Linie von Janukowitsch. Reden – nicht schießen oder schlagen.

Aber es fand doch nachweislich eine Eskalation statt. Wenn Januko-
witsch reden und verhandeln wollte, wer hat dann veranlasst, dass
dennoch geschossen wurde?

Ich habe dazu meine Meinung, werde sie aber hier nicht äußern. Vielleicht so viel: Für mich ist Sergej Lawotschkin eine der
Schlüsselfiguren.

Sie meinen den Leiter der Präsidialadministration?

Eben den.

Reichte Lawotschkin nicht schon Ende November 2013 seinen Rück-
tritt mit der Begründung ein, dass die Polizei-Sondereinheit Berkut[1]
am 29. November gegen die Protestler vorgegangen sei, wobei es viele
Verletzte gegeben hatte? Das Blutbad sorgte für mediales Aufsehen.
Lawotschkin nahm demonstrativ seinen Hut als Zeichen dafür, dass
er dieses gewaltsame Vorgehen nicht billigte.

Was er, soweit ich weiß, jedoch selbst veranlasst hatte! Was
war geschehen? Die Stimmung auf dem Maidan war nach ta-
gelangen Protesten entspannt, es sollte am Vorabend des ersten
Advents der Weihnachtsbaum aufgestellt werden. Viele Studenten – sie bildeten zu diesem Zeitpunkt noch immer die Mehrheit
auf dem Platz, der personelle Wechsel und die Radikalisierung,
sprich: die politische Instrumentalisierung, sollte erst in den folgenden Wochen erfolgen – hatten bereits den Platz verlassen und
waren nach Hause gegangen. Das lag nicht nur an den niedrigen
Temperaturen, sondern auch an unseren Informanten und an den
Agitatoren, die gute Überzeugungsarbeit auf dem Maidan geleis-
tet hatten. Auch die Polizei vor Ort verhielt sich friedlich, das war
ja die offizielle Linie: keine Gewalt. Plötzlich brach ein Trupp in
Schwarz, sportlich gekleidet, mit Knüppeln und Ketten auf den
ruhigen Maidan ein und drosch auf alle und jeden: auf Studenten, auf unsere Leute, auf die Polizei.

Was waren die Gründe für die Eskalation?
Liegen die Gründe nicht auf der Hand?

*Bekamen die Verantwortlichen Geld für die Provokation, oder woll-
ten sie sich mit diesem blutigen Zwischenfall für die Zeit nach Janukowitsch empfehlen?*
Ich habe dazu meine private Meinung, die werde ich nicht äußern.

*Nach der Aktion am 29. November erfolgte die Militarisierung des
Maidan. Der Rechte Sektor bekam das Sagen, die bereits genannten Sprecher der Opposition hingegen ließen sich auf Verhandlungen
ein, zumal Präsident Janukowitsch ihnen ein Bauernopfer gebrach-
te hatte: Er entließ Premierminister Asarow. Gemeinsam mit den
Außenministern der Bundesrepublik, Frankreichs und Polens wurde
ein Vertrag ausgehandelt, der am 21. Februar 2014 von Steinmeier,
Sikorski und – stellvertretend für Fabius – Fournier unterzeichnet
wurde. Er sollte die Staatskrise friedlich beenden. Wenige Stunden
später kippte das Ganze, der Maidan – und wer immer dahinter-
stand – übernahm die Macht. Warum dieser Gesinnungswandel,
weshalb nun diese Eile nach einem Vierteljahr Protest auf dem Maidan? Der Vertrag war zwar ein Kompromiss, berücksichtigte aber
die Interessen sowohl der Opposition als auch der Macht.*
Auch das wieder eine spätere Erkenntnis, nachdem alles gelaufen war. Warum die EU in Gestalt der drei Außenminister an
einer Einigung interessiert war, wissen wir: Ihre bisherige Politik
des Alles-oder-Nichts hatte in eine Sackgasse geführt, aus der die
EU wieder herauswollte. Das jedoch wollten die USA nicht, wie
es Victoria Nuland, die für Osteuropa Zuständige im State Department, gegenüber Botschafter Pyatt in diesem offenherzigen
Satz formulierte: »Fuck the EU.« Das heißt, die USA setzten auf
eine Lösung, die sie definiert hatten, an der sie schon seit Jahren
arbeiteten und dafür fünf Milliarden US-Dollar investiert hatten,
wie Nuland am 28. Januar 2014 Pyatt verriet.[2] Sie brauchten die

Ukraine als Keil zwischen Russland und EU, nicht als Brücke oder Vermittler. Das war eine ganz andere Strategie als die der EU.

Aber warum diese Eile? Nur wegen des Vertrages?

Nein. Das war uns aber erst später klar geworden. Vom 7. bis 23. Februar 2014 fanden im russischen Sotschi die Olympischen Winterspiele statt. Aus naheliegenden Gründen hatte Russland alle Sicherheitskräfte in der Schwarzmeerregion dort zusammengezogen, auch die auf der Krim stationierten Armeekontingente waren in das Sicherungskonzept von Sotschi eingebunden. Russland hatte zu dieser Zeit also keinen Nerv und kein Personal für irgendwelche Vorgänge in Kiew. Das hatten die Amerikaner sehr wohl im Blick, weshalb vorm Erlöschen des olympischen Feuers am 23. Februar die Sache in Kiew erledigt sein musste. Die Operation wurde ziemlich clever geplant, koordiniert und durchgezogen, mit einem exzellenten Timing. Leider haben wir erst im Nachgang die geheimdienstlichen Mosaiksteine zu einem Bild zusammenfügen können. Wir hatten einerseits die Gegenseite unterschätzt, und andererseits waren wir zu leichtgläubig und offenherzig gewesen.

Es heißt, Sie waren für einige Stunden der letzte Regierungsvertreter der gestürzten Kiewer Administration, nachdem sich Janukowitsch und andere Politiker am 21./22. Februar abgesetzt hatten.

Das stimmt. Am Ende saßen nur noch ein Vertreter des Innenministeriums, der Chef der Verkehrspolizei und ich im Ministerrat. Es wäre hilfreich gewesen, wenn in diesen Stunden etwa Außenminister Steinmeier angerufen hätte, Deutschland hatte sich schließlich maßgeblich für das Zustandekommen des Vertrages am 21. Februar engagiert, was wir durchaus zu schätzen wussten. Nun war und ist mir bewusst, dass Steinmeier kaum den Staatsstreich hätte rückgängig machen können. Aber in moralischer Hinsicht wäre zumindest eine verbale Intervention aus Berlin hilfreich gewesen. Dass Steinmeier vier Wochen später in Weimar, bei einem Treffen mit Polens Außenminister Sikorski und seinem französischen Amtskollegen Fabius, die neue Führung in Kiew aufforderte, die Schlüsselprinzipien der Vereinbarung vom 21. Februar als Teil ihrer Politik umzusetzen, war wohlfeil: Die Würfel waren gefallen und das Rad der Geschichte nicht mehr zurückzudrehen. Das alles war nicht nur für mich sehr enttäuschend.

Das Ausbleiben des Anrufs ist jedoch sehr wohl von Bedeutung. Denn als später der Bundestagsabgeordnete Andrej Hunko Außenminister Steinmeier fragte, warum er nicht am 22./23. Februar Kontakt zu seinem Vertragspartner Janukowitsch aufgenommen habe, antwortete er, dieser sei ja nicht erreichbar gewesen, der Präsident habe sich gleichsam in Luft aufgelöst. Mit seiner Flucht aus Kiew habe Janukowitsch selbst dem Deal mit der Opposition die Grundlage entzogen. Nur: Das ist nicht die Wahrheit. Janukowitsch ist über die bekannten Kanäle einschließlich seines persönlichen Mobiltelefons, dessen Nummer Frank-Walter Steinmeier ebenfalls kannte, mindestens bis zum 23. Februar telefonisch in der Ukraine erreichbar gewesen. Wir wissen aus der Telefonliste, wer anrief und wer nicht. Steinmeier jedenfalls nicht.

Und auch bei uns dreien, die wir bis zum Abend die Stellung in Kiew hielten, rief nachweislich niemand aus Deutschland an. So schlossen wir in der Nacht die Büros und gingen.

Hunkos Kritik, dass der deutsche Außenminister Steinmeier das Abkommen über eine friedliche Beendigung der Krise, welches er unterschrieben hatte, nicht verteidigt habe, schließe ich mich an. »Das war ein großer Fehler«, sagte der europapolitische Sprecher der Links-Fraktion in Berlin dem Nachrichtenkanal *Sputnik* am 25. November 2016. »Wenn dieses Abkommen umgesetzt worden wäre, würde die Situation in der Ukraine heute ganz anders aussehen. Und die ganze Entwicklung mit vielen Opfern im Donbass wäre nicht gekommen.«[3] Das sehe ich auch so.

Soweit der Geheimdienstler Jakimenko 2017 im Gespräch mit mir. Als die Kamera aus war und das Licht erlosch, sprachen wir weiter. Ich erinnerte mich der Kirchenauseinandersetzungen in Lwiw in den 90er-Jahren, als arme Menschen auf die Straße gingen, in Lumpen gehüllt und sich vor Hunger kaum auf den Beinen haltend, um für die Rückgabe russisch-orthodoxer Kirchen an die griechisch-katholische Kirche zu demonstrieren, die diese vor 200 oder 300 Jahren mal besessen hatte. Ich weiß nicht, wie das damals ausgegangen ist und was der Kern des Konfliktes war, ob es um Glaubensfragen ging oder ob der katholische Klerus lediglich scharf auf die Immobilien war. Das Makabre daran war, und deshalb erinnerte ich mich daran, dass Menschen, die nichts zu beißen hatten und wahrlich von existenziellen Nöten gequält wurden, sich offenkundig für eine solche Geschichte benutzen, sich instrumentalisieren ließen. Es gab genug Kirchen in der Stadt, in denen sie beten konnten. Sie waren nicht der Eigentümer der Gotteshäuser, und sie hatten nichts davon, wenn die Besitzer wechselten. Aber: Sie gingen für diese auf die Straße.

Jakimenkos Aussage, dass die institutionalisierte Kirche eine wichtige Rolle bei der Veränderung der Gesellschaft in der Ukraine gespielt habe, konnte ich mit solchen Beobachtungen eher bestätigen denn widersprechen. Mir war nicht entgangen, dass Priester und Popen sehr überzeugend über die Ungerechtigkeiten im Lande klagten, und in Gottesdiensten die Gläubigen aufforderten, Gerechtigkeit notfalls »mit Blut« zu schaffen. Friedensappelle waren das nach meinem Verständnis nicht gerade. Und das geschah lange vor dem Maidan. Ich fragte Ex-Geheimdienstchef Jakimenko, ob der SBU Hinweise darauf gehabt habe, dass auch der Vatikan seine frommen Finger mit im Spiel gehabt habe. Schließlich bestand zwischen der polnischen Kirche und dem polnischen Papst auch eine enge Verbindung. Karol Józef Wojtyła wurde 1978 als Johannes Paul II. inthronisiert, ihm wurde eine maßgebliche Rolle beim gesellschaftlichen Umbruch in Polen Ende der 1980er-Jahre zugeschrieben. Jakimenko schaute mich und Heiner schweigend an. Und blieb uns eine Antwort schuldig. Sein Schweigen schien uns beredt genug.

Ganz klar: Die USA wollten einen Konflikt mit Russland

Der Vorwurf, dass Frank-Walter Steinmeier – damals Chef des Auswärtigen Amtes in Berlin, heute Bundespräsident – am Tag des Umsturzes nicht telefonisch mit der ukrainischen Regierung Kontakt aufgenommen habe, ist nach meinem Eindruck noch nach Jahren eine zentrale Frage bei jenen, die 2014 das Regierungsschiff in Kiew unfreiwillig verließen. Und es ist für sie nicht nur eine wichtige politische, sondern auch eine stark emotionale Frage. Wenn ich darauf zu sprechen kam, wirkten die sonst so abgeklärt, überlegt auftretenden Persönlichkeiten auffällig angerührt und bewegt. Was ich wiederum nicht verstand: Hätte ein Telefonat zwischen dem deutschen Außenminister und Präsident Janukowitsch am Tage des Umsturzes oder danach etwas am Gang der Ereignisse geändert? Und warum diese auffällige Fixierung ausgerechnet auf den deutschen Außenminister? Schließlich hatten auch der polnische und der französische Außenminister mit am Verhandlungstisch gesessen und wären mindestens ebenso in der Pflicht gewesen, den Vertrag zu verteidigen, der binnen 24 Stunden Makulatur geworden war.

Aber nein: Der Fokus richtete sich ausschließlich auf Steinmeier. In den Gesprächen mit verschiedenen Personen aus der Umgebung von Janukowitsch, die ihn damals von Kiew nach Charkiw und von dort auf die Krim begleitet hatten, drängte sich mir der Eindruck auf, dass hier auch reichlich Naivität im Spiel war. Sie glaubten ernsthaft, dass Steinmeier und Kanzlerin Merkel so viel Macht und Einfluss besäßen, um gesellschaftliche Prozesse wie etwa in der Ukraine zu stoppen oder gar umzukehren. So sie es denn wollten. Falls jedoch die Intervention unterblieb, wie geschehen, dann, weil sie damit eine bestimmte Absicht verbanden. Aber vielleicht handelte es sich gar nicht um Naivität, sondern um die Nachwehen sowjetischen Denkens. Seinerzeit war Moskau in der Lage, in den sogenannten Bruderstaaten Entscheidungen anzuweisen, die man aus eigenen außen- oder innenpolitischen Erwägungen für notwendig erhielt. Und dann wurde pariert. Nachdem beispielsweise der Westen die Olympischen Sommerspiele 1980 in Moskau boykottiert hatte, untersagte der Kreml seinen Verbündeten die Teilnahme an den Spielen 1984 in Los Angeles ... Glaubten einige ukrainische Politemigranten, dass die deutsche Kanzlerin und ihr Vize-Kanzler über die gleiche Macht in der EU verfügten wie damals ein sowjetischer Generalsekretär?

Dieser Gedanke, wenngleich er sich mir nicht zum ersten Male aufdrängte, nährte meine Überzeugung, dass solche Leute noch immer nicht wussten, wie die bürgerliche Demokratie des Westens funktioniert und worin sich deren Wesen von ihren eigenen Demokratievorstellungen unterschied. Einmal fragte mich ein Oligarch, wie viel es ihn kosten würde, um im Deutschen Bundestag zu sprechen und ob ich das arrangieren könne. Offenkundig verband er mit dieser ernst gemeinten Frage die Vorstellung, dass ein solcher Auftritt seinem Ansehen in der Welt (und damit seinen Geschäften) sehr zuträglich wäre. Da er – gewiss nicht grundlos – meinte, im Kapitalismus sei alles Ware und darum käuflich, schien ihm auch die Buchung eines Werbeblocks im deutschen Parlament nicht unmöglich. Diese Begebenheit illustriert auf überzeugende Weise, wie recht Goethes Erdgeist im »Faust« hatte: »Du gleichst dem Geist, den du begreifst, nicht mir!«

Was für eine weltfremde, absurde Idee, einen Redeauftritt in einem ausländischen Parlament kaufen zu können? Deutschland kann und muss man viel Kritisches vorhalten und nachsagen, nicht jedoch, dass seine politische Kultur sich auf dem Niveau einer Bananenrepublik bewegt, selbst wenn dies einige Hohlköpfe mit Parteibuch behaupten. Wir sahen wiederholt Abgeordnete in der Werchowna Rada sich prügeln, aber Handgreiflichkeiten im Bundestag erlebten wir noch nie.

Nun unterstelle ich meinen Landsleuten in der Ukraine oder den Russen nicht, sie wüssten ausnahmslos nicht, wie der Westen ticke, wie das politische System im nationalen und im internationalen Rahmen funktioniere. (Hält man es ihnen trotzdem vor, stellen sie dies natürlich in Abrede und geben sich demonstrativ kundig.) Genau darin scheint mir die Ursache vieler Missverständnisse zu wurzeln. Denn die meisten Politiker im Westen ticken ebenso. Sie meinen sich auszukennen und tun es doch nicht, ohne es zuzugeben. Zudem sind sie genauso unfähig wie ihre Kolleginnen und Kollegen im Osten, einen Perspektivwechsel vorzunehmen und zu fragen: Welche Interessen hat mein Gegenüber? Man wähnt sich auf der Warte moralischer Überlegenheit und vermeidet, sich auf das Niveau der anderen Seite hinabzubegeben.

Journalistenkollege Fjodor Lukjanow, Chefredakteur des in Moskau erscheinenden außenpolitischen Magazins *Russia in Global Affairs*, wies in diesem Kontext ironisch auch auf die Rolle der Medien hin. In der deutschen Öffentlichkeit glaube man inzwischen, dass Russland nicht nur den deutschen Wahlkampf beobachte (wie schon den in den USA), sondern sich auch daran beteiligen wolle. »Eine ganze Armee von Hackern wartet demnach auf den Befehl ›Fass!‹ von Wladimir Putin, um sich endlich einmischen zu dürfen und Alexander Gauland zum Bundeskanzler und Sahra Wagenknecht zur Außenministerin machen zu können«, so Lukjanow in der *Frankfurter Allgemeinen Zeitung* am 15. September 2017, also wenige Tage vor der Bundestagswahl. »Wahrscheinlich bin ich ein schlechter Patriot, aber ich bin, wie im Übrigen die überwiegende Mehrheit der russischen Bürger, nicht in der Lage, an eine solche Macht meines Landes zu glauben. Was man im Westen schon seit mehr als einem Jahr für ein Axiom hält – Putin manipuliert die Wahlen auf der gesamten Welt und ist bestrebt, die westliche Demokratie zu untergraben –, ruft in Russland selbst Befremden hervor: ›Können wir das wirklich?‹«

Aus deutscher Sicht war und ist Russland ein Dämon. Den Popanz hatten die Massenmedien erschaffen, was übrigens selbst deutsche Nachrichtendienste einräumten. Russland ist die Vogelscheuche auf dem Feld der Demokratie, sagte ich zu meinem Freund Heiner.

Außenminister Steinmeier war für den ukrainischen Präsidenten am 23. Februar 2014 also nicht erreichbar, womit er nach Logik der Gestürzten schwere Schuld auf sich geladen hatte. Diese »Schuld« hält man ihm gelegentlich öffentlich vor. Ende 2016 sollte auf Antrag des einstigen Rada-Abgeordneten Wladimir N. Olejnik ein Moskauer Gericht feststellen, ob es sich bei den Vorgängen im Februar 2014 in Kiew um einen regulären Machtwechsel oder einen langfristig vorbereiteten Staatsstreich gehandelt habe. Dazu ergingen Vor- oder Einladungen an Steinmeier (s. Anhang), Sikorski und Fabius.

Das Gericht – mal als Kreis-, mal als Bezirksgericht tituliert, was vielleicht der Übersetzung geschuldet ist – entsprach darin der ausdrücklichen Bitte des Antragstellers. Die Schreiben waren juristisch-höflich, aber vage formuliert, keine Vorladung zum Termin oder dergleichen harsche Aufforderung. Sie seien »beteiligte Personen«, hieß es im Brief des Gerichts an Steinmeier, da die Außenminister der EU-Staaten ihre Unterschrift unter die Kompromiss-Vereinbarung zwischen dem ukrainischen Präsidenten und der Opposition vom 21. Februar 2014 gesetzt hätten. Doch keiner der angeschriebenen Außenminister reagierte auf die zweisprachige Einladung aus Moskau. Hatte man dort wirklich mit ihrem Erscheinen gerechnet?

Wäre ich Steinmeier und hätte keinen Übersetzer im Haus – was allerdings im Auswärtigen Amt eher unwahrscheinlich ist –, also darauf angewiesen, mich auf die Lektüre der beigefügten deutschsprachigen Ausfertigungen der Amtsschreiben zu beschränken – ich hätte, einigermaßen ratlos, darauf gewiss auch nicht reagiert. Denn was wollte man eigentlich von mir, also von Steinmeier? War ich vorgeladener Zeuge oder nur Zaungast, Beschuldigter oder gar Angeklagter?

Mir liegen Kopien mehrerer notariell beglaubigter Amtsbriefe auf Russisch und auf Deutsch in dieser Sache vor. Am 17. November 2016 informierte Richterin A. G. Schipikowa, dass das Moskauer Kreisgericht in der Studentscheskaja 36 dem Antrag des Bürgers Olejnik stattgegeben habe, den Empfänger (d. i. Steinmeier) »als beteiligte Person« heranzuziehen. Am 5. Dezember um 14 Uhr im Raum 225 fände die Vorverhandlung statt. Wofür? Um was sollte es gehen?

Abgesehen davon, dass die Sprache der Juristen in allen Ländern nur schwer verständlich ist – sie wird noch unverständlicher, wenn sie in eine fremde Sprache übersetzt wird. Und absolut unverständlich wird es gar, wenn man auf die Hilfe von Muttersprachlern verzichtet und sich auf elektronische Übersetzungen verlässt, was offenkundig hier der Fall war.

Dieses Problems schien sich auch der Antragsteller Olejnik bewusst zu sein: Er sandte darum dem Amtsschreiben vier Tage später ein persönliches an den deutschen Außenminister hinterher. Darin erklärte er, dass er bei Gericht beantragt habe, festzustellen, ob es sich bei den Ereignissen in Kiew im Februar 2014 um einen legitimen Machtwechsel oder um einen Staatsstreich gehandelt habe, und dass er, Olejnik, »Volksdeputierter der Ukraine der Legislaturperioden 5, 6 und 7«, das Gericht gebeten habe, »Sie als in dieser Sache interessierte Person einzuladen«. Und weiter dolmetschte er das reichlich verquast formulierte Ansinnen des Dorogomilowo-Kreisgerichts, Steinmeier könne »aufgrund der Bestimmung des Artikels 48 der Zivilprozessordnung der Russischen Föderation an der Behandlung dieses Antrags persönlich teilnehmen oder einen Vertreter schicken«. Auch dieses private Papier von Olejnik war notariell beglaubigt und mit zwei Amtsstempeln sowie einem roten Bändchen versehen worden, Kostennote: 100 Rubel.

Steinmeier *konnte* erscheinen, aber er *musste* nicht! Am gleichen Tage, also am 21. November, informierte Richterin Schipikowa, dass in der Zivilsache Nr. 2-5836/2016 nunmehr am 15. Dezember, 11 Uhr, verhandelt werde. »Wir klären die Bestimmungen des Artikels 48 der Zivilprozessordnung der Russischen Föderation, laut dem die Bürger das Recht haben, ihre Sachen vor Gericht persönlich oder durch die Vertreter zu führen. Persönliche Teilnahme des Bürgers an der Sache entzieht ihm kein Recht, nach dieser Sache einen Vertreter zu haben.« Hä?

Es gingen noch einige gesiegelte und gestempelte Briefe in dieser Sache von Moskau nach Berlin, ehe öffentlich verhandelt wurde und am 27. Dezember im Namen der Russischen Föderation Beschluss erging. Am 28. Dezember sandte die Vorsitzende Richterin Schipikowa – assistiert von der Schriftführerin I. M. Soldatowa – den Bescheid an die »Interessenten«. In der Urteilsbegründung wurden die Zeugen und deren Aussagen ausführlich gewürdigt, vor allem aber explizit erwähnt, dass »die Interessenten« Steinmeier, Fabius und Sikorski (auch in dieser Reihenfolge so aufgeführt) zur Gerichtsverhandlung nicht erschienen seien, weshalb das Gericht »in absentia der Interessenten« die Sache untersucht habe.

Am Ende des mehrseitigen Beschlusses heißt es schließlich: Die »Staatsumwälzung in der Ukraine im Februar 2014, in deren Ergebnis die Verfassung der Ukraine geändert, der Präsident der Ukraine vom Amt ungesetzlich entfernt« und die Machtorgane in verfassungswidriger Weise gebildet wurden, sei illegitim gewesen.

Nehmen wir also an, dass der Dolmetscher mit »Staatsumwälzung« Staatsstreich gemeint hatte. Quod erat demonstrandum.

Ich suchte Wladimir N. Olejnik in Moskau auf und sprach, im Beisein von Heiner Sylvester, mit dem einstigen Parlamentarier, der dieses Verfahren angestoßen hatte. Ich wollte von meinem Landsmann wissen, was ihn bewogen hatte, von einem russischen Gericht feststellen zu lassen, wie dieser Machtwechsel in Kiew

im Februar 2014 zu benennen sei. Warum? Für die Geschichts-
bücher, zur eigenen Genugtuung, zur Korrektur der Gegenwart?

Olejnik war 1957 in einem Dorf im Bezirk Tscherkassy süd-
lich von Kiew zur Welt gekommen, er studierte Jura in Charkiw,
war Richter und später Oberbürgermeister von Tscherkassy. 1999
kandidierte Wladimir Olejnik gegen Amtsinhaber Kutschma fürs
Präsidentenamt, 2006 zog er ins ukrainische Parlament, dem er
bis weit ins Jahr 2014 angehörte. Zuletzt gründete und leitete er
die Fraktion »Für Frieden und Stabilität« in der Werchowna Rada,
die dort für die Beendigung des Krieges und die Wiederaufnah-
me der Beziehungen zu Russland eintrat. Olejnik reklamiert für
sich, und vermutlich trifft das auch zu, der erste namhafte Politiker der Ukraine gewesen zu sein, der von einem »Staatsstreich«
sprach. Im Sommer 2015 gründete er mit anderen Exilpolitikern
in Moskau das »Komitee zur Rettung der Ukraine«, das ihn als
Präsidentschaftskandidaten nominierte.

*Herr Olejnik, Sie ließen von einem Gericht prüfen, ob es sich bei dem
Machtwechsel in Kiew um einen Staatsstreich handelte oder nicht.
Warum? Wollten Sie Ihre Auffassung bestätigt bekommen?*

Egal, wie man diese Vorgänge 2013/14 nun bezeichnet, ob als
»Revolution der Würde« oder als Staatsstreich – es war eine Tragödie für unser Volk unter Bruch der gültigen Verfassung. Was
war geschehen? Ein Teil des Volkes wollte eine stärkere Integration in die eurasische Wirtschaftszone, ein anderer eine stärkere
Integration in die EU. Das heißt, es gab auseinanderstrebende
Bewegungen, die im Parlament durch die verschiedenen Parteien
und deren Mandate widergespiegelt wurden.

Die Repräsentanten der Mehrheit verweigerten die Zustimmung zum Assoziierungsabkommen, weil es kein gutes Geschäft
für die Ukraine gewesen wäre, denn die EU wollte nicht die Verluste kompensieren, die die Ukraine unweigerlich erlitten hätte,
wenn sie die wirtschaftlichen Beziehungen zu Russland reduziert
und irgendwann ganz beendet hätte. Wiederholt wurde Kiew

durch Politiker des Westens, insbesondere aus den USA, bedeutet, dass die Macht in der Ukraine auch wechseln könne. Ein grundsätzlicher politischer Kurswechsel durch den Austausch von Personen gehört offenkundig zu den gängigen Optionen der USA. Wie man einen solchen Kurswechsel inszenieren könnte, hatte man 2005 mit der sogenannten Orangenen Revolution angedeutet. Man mobilisierte damals Unzufriedene, die den Ausgang der Präsidentschaftswahl so lange kritisierten, bis die – vornehmlich von Studenten vorgetragenen – Massenproteste zu einer Wiederholung der Stichwahl führten.

Die Vereinbarung mit den drei EU-Außenministern am 21. Februar sah vorgezogene Präsidentschaftswahlen vor.
Ja, das war eine Forderung der »Opposition«. Aber wie sich zeigte, genügte das weder den radikalen Kräften auf dem Maidan, die dafür selbst ihre Sprecher Klitschko, Jazenjuk und Tjagnybok angriffen, noch den USA, die hinter allem standen und darum noch in der Nacht Tatsachen schufen. Das Abkommen hielt also keine 24 Stunden. Das Ergebnis war ein illegitimer Machtwechsel, ein Verfassungsbruch und in der Folge der Verlust der Krim sowie ein Bürgerkrieg. Das nenne ich Landesverrat.

Bevor ich auf die dramatischen Ereignisse in Kiew eingehe, möchte ich etwas über Ihren Hintergrund erfahren. Zum Beispiel: Wie kamen Sie in die Politik?
Zweimal wurde ich zum Oberbürgermeister von Tscherkassy gewählt, das ist eine Großstadt mit fast 300.000 Einwohnern in der Zentralukraine. In dieser Funktion wählten mich die Oberbürgermeister der Ukraine zum Vorsitzenden ihrer Organisation. Mit diesen Erfahrungen kam ich 2006 in die Werchowna Rada, wo ich als Jurist an der Erarbeitung von Gesetzen aktiv teilnahm. Diese Gesetze waren darauf gerichtet, Ordnung im Land zu schaffen und die Gesellschaft zu reformieren. Ich wollte Politik machen im Interesse der Menschen, die mich gewählt hatten.

Aufgrund meiner juristischen Praxis – ich war Präsident eines Bezirksgerichts – machte ich mich an die Erarbeitung eines neuen Strafgesetzbuches. Das geschah im Zusammenwirken mit internationalen Institutionen und mit der EU, deren Standards für mich Maßstab waren. Ich befasste mich im weitesten Sinne mit der Reform des ukrainischen Rechtssystems, das im Wesentlichen noch aus der Sowjetzeit stammte. Inzwischen war die Realität eine völlig andere, deshalb mussten auch das Recht und die Rechtsausübung den neuen gesellschaftlichen Verhältnissen angepasst werden.

Ich gehörte anfangs zur Partei von Julija Timoschenko, *Batkiwschtschyna* (»Vaterland«), und war die Nummer 30 auf der Parteiliste. Allerdings merkte ich bald, dass viele meiner Parteikollegen sich mehr an ihren eigenen Bedürfnissen als an den Interessen ihrer Wähler orientierten. Mir missfiel, wie sie das Volk bestahlen. Ich kehrte der Partei den Rücken.

Für mich war auch nach dem Machtwechsel 2014 wichtig, für Frieden und Stabilität zu sorgen. Ich warb in der Russischen Duma 2014, als der Bürgerkrieg im Osten ausbrach, für Vorschläge, wie die Region gemeinsam befriedet werden könnte. Wegen dieses Vortrags wurde mir ein Strafverfahren in Kiew angehängt. Ein weiteres kam nach der Gründung des Komitees zur Rettung der Ukraine hinzu.

Sie erwähnten, dass es nicht wenige Abgeordnete gab, die sich bereicherten. Aus anderen Quellen weiß ich: Viele waren bereits Millionäre, als sie sich wählen ließen, und die Wahl ermöglichte ihnen parlamentarische Immunität und Unangreifbarkeit durch die Justiz. Um die Immunität aufzuheben, mussten zwei Drittel der Abgeordneten dafür stimmen.[1] Ein solches Votum kam nie zustande, eine Krähe hackt der anderen kein Auge aus, sagt man dazu in Deutschland.

Wir reden über die Oligarchen. Natürlich wurden sie von den Menschen gewählt, weil sie in ihrem Wahlkreis auch Gutes taten: Schulen mit Computern versorgten, das Dach des Kindergartens deckten, in den es hineinregnete hatte, Überbrückungsgelder zahlten, wenn die Rente nicht pünktlich kam, und dergleichen Wohltaten mehr. Das waren natürlich sinnvolle, allerdings keine altruistischen Investitionen. Wenn man einen Sitz im Parlament hatte, nutzte man den politischen Einfluss, um die eigenen Geschäfte voranzutreiben. Deshalb war und ist es für mich eine zentrale Frage: Jeder, der ein politisches Amt hat, darf nebenbei kein Business betreiben. Er muss sein Unternehmen abgeben – aber nicht an Verwandte oder Freunde, was eine Verschleierung darstellt. Sondern er muss seine Geschäftstätigkeit vollständig beenden. Im Wahlkampf 2014 versprach Petro Poroschenko, er werde, sollte er Präsident werden, seine Unternehmen verkaufen. Das ist bis heute nicht geschehen. Der »Schokoladenbaron« besitzt nach wie vor den Süßwarenkonzern »Roshen« mit Werken in der Ukraine, in Ungarn, Russland und Litauen, die etwa 1,2 Milliarden Dollar Jahresumsatz erwirtschaften. Er besitzt ferner das Maschinenbauunternehmen »Leninska Kuznya« und den Fernsehsender »Kanal 5«. *Forbes* schätzte 2014 Poroschenkos Vermögen auf 1,3 Milliarden Dollar. Damit ist der erste Mann der Ukraine auch einer ihrer reichsten.[2]

Auf der anderen Seite sorgt die Politik der Oligarchen dafür, dass sich Klein- und Mittelstandsunternehmen kaum entwickeln können. Nur das große Geld, das Big Business, interessiert. Doch im Interesse des Volkes ist es, dass sich das Wirtschaftsleben, das nun einmal das Rückgrat der Gesellschaft ist, sich gesund und organisch entwickelt. Ein Indikator für die Gesundheit der Wirtschaft ist für mich der Wechselkurs. Im Jahr 2013 bekam man für acht Hrywni einen US-Dollar. Heute zahlt man mehr als das Dreifache.

Es gibt auch Konflikte zwischen den Oligarchen. Natürlich haben etliche diesen Machtwechsel 2014 gewollt und vorangetrieben, weil sie sich davon noch bessere Geschäfte versprachen. Deshalb unterstützten sie auch den Maidan materiell. Aber die Oligarchen aus dem Donbass hatten nicht angenommen, dass sie ihre Werke dort verlieren könnten. Dadurch kam es zu Spannungen zwischen den Oligarchen, die unverändert andauern. In den ukrainischen Medien, Ministerien und im Parlament wird heftig um Interessen und Einfluss gestritten, die Oligarchen sind unverändert an politischen Entscheidungen beteiligt. Politische Mandatsträger werden gekauft, der Beamtenapparat korrumpiert und geschmiert, die Wirtschaft funktioniert nicht über den Markt, sondern über informelle Netzwerke. In einem solchen korrupten System – und das bestand auch unter Präsident Janukowitsch, da müssen wir nicht diskutieren – war und ist es sehr schwer, Rechtsstaatlichkeit durchzusetzen.

Waren es nicht auch solche Erfahrungen und Beobachtungen, die die Menschen auf den Maidan zusammenströmen ließen? Die Verweigerung der politischen Führung, dem Assoziierungsabkommen zuzustimmen, stellte vermutlich nur das auslösende Moment dar, der letzte Tropfen, der das Fass zum Überlaufen brachte.

Da kamen zwei Vorgänge zusammen, die wir zum besseren Verständnis auseinanderhalten müssen. Die ersten Proteste hatten sozialen, auch sozialpolitischen Charakter. Sie waren begründet und legitim. Vilnius, also die Verweigerung der Unterschrift unter das EU-Assoziierungsabkommen, verschärfte alles, weil die jungen Leute Hintergründe und Details nicht kannten. Dann aber kippte der Charakter des Maidan. Die Zäsur erfolgte am 29. November, als alles bereits vorbei zu sein schien und es zu inszenierten Zusammenstößen kam. Fortan war der Maidan kein Ort sozialpolitischer Auseinandersetzung mehr, sondern ein politstrategisches und ein militärisches Schlachtfeld, das von außen gesteuert, logistisch versorgt und propagandistisch begleitet wurde.

In der Zeit der Olympischen Spiele in Sotschi sollte der Staatsstreich erfolgen, so hatten das die Organisatoren in den USA konzipiert, wie wir von unserer Aufklärung wussten. Ich sprach mit Janukowitsch darüber und schlug ihm vor, die Zahl der Polit-

Touristen auf dem Maidan zu limitieren. Es war ganz offensichtlich, dass sie nicht nur kamen, um Kekse und freundliche Worte zu verteilen. Darauf wollte sich der Präsident jedoch nicht einlassen. Auf dem Maidan befand sich eine Bühne, von der Reden gehalten wurden, auch von ausländischen Politikern. Das hatte etwas Symbolisches: Am Ende gewann die Bühne und verlor das Publikum, das Volk. Darin bestand die ganze Tragik.

Jenes Vierteljahr zwischen den ersten Protesten auf dem Maidan im Herbst 2013 und dem Machtwechsel im Februar 2014 offenbarte, wenn ich Sie richtig verstehe, einerseits die Zerrissenheit des Landes und andererseits, wie stark der Einfluss auswärtiger Mächte war. Habe ich Sie richtig verstanden? Die Ukraine als Spielball des Auslands, als Opfer.

Der Einfluss von außen war gewaltig, das stimmt, aber ohne die aktive Unterstützung von innen hätte es nicht funktioniert. Der Boden war langfristig propagandistisch bereitet worden. Es wurde die nationale Leier gespielt, die ganze antirussische Klaviatur. Die tragische Geschichte insbesondere der Westukraine wurde sehr geschickt eingesetzt, um Vorbehalte und Widerstand gegen den Osten zu provozieren. Kompromisslos wurden nationalistische Interessen dort gegen die legitimen Interessen anderer Bevölkerungsgruppen durchgesetzt. Warum? Die USA wollten einen Konflikt mit Russland, ohne dabei selbst als direkte Kriegspartei in Erscheinung zu treten. Sie haben erst einen Keil in unsere Gesellschaft getrieben, um dann einen Keil zwischen Russland und die Ukraine zu setzen. Das alte römische Prinzip »Teile und herrsche!« hat funktioniert. Und die Folge: Die Ukraine ist wie ein Drogenabhängiger, der dem nächsten Schuss nachrennt – der heutige ukrainische Staat lebt von Finanzspritze zu Finanzspritze. Die spannende Frage ist, wie lange die Finanzdealer da noch mitmachen.

Früher haben wir, glaube ich, 17 Milliarden Dollar aus dem Handel mit Russland gezogen, heute bekommen wir eine Milliarde aus dem Westen. So sind die Relationen. Unlängst schloss die Ukraine fünf russische Banken, über die bislang etwa eine Milliarde Dollar im Jahr als Kredite in die ukrainische Wirtschaft geflossen sind. Auch dieser Strang wurde aus ideologischen Gründen gekappt.

Das zentrale Problem aber ist der Bürgerkrieg. Zwei Drittel der Ukrainer heute wollen Frieden um jeden Preis, erst an zweiter und dritter Stelle folgen Arbeit und soziale Sicherheit. Das haben Kiew und seine Verbündeten vornehmlich in den USA unterschätzt. Gleichwohl haben die Vereinigten Staaten einen Sieg errungen. Die Beziehungen zwischen der Ukraine und Russland, zwischen Westeuropa und Russland waren noch nie so schlecht wie heute. Unter den Sanktionen leiden die Wirtschaften in den EU-Staaten, in der Ukraine, aber auch in Russland. Gewinner sind allein die USA, die Kohle und Fracking-Gas in die Ukraine liefern, weil Kiew an die eigene Kohle im Donbass nicht kommt und russisches Öl und Erdgas boykottiert.

Es heißt, den USA sei es nicht nur um einen neuen Absatzmarkt, sondern konkret auch um Sewastopol, den russischen Marinestützpunkt auf der Krim, gegangen. Der Pachtvertrag mit der Ukraine war zwar um weitere 25 Jahre verlängert worden, doch das wäre nicht der erste Vertrag in der Menschheitsgeschichte gewesen, den man hätte zerreißen können. Die Flotte der Russen sollte um ihren wichtigsten Hafen im Schwarzen Meer gebracht werden – und damit wäre sie militärstrategisch etwa vom Mittelmeer abgekoppelt. Das Schwarze Meer und das Mittelmeer wären dann de facto NATO-Binnengewässer. Die von Washington unterstützte Opposition hätte, wenn sie denn erst an der Macht wäre, die Sache schon geregelt. So war wohl die strategische Überlegung. Teilen Sie diese von verschiedenen Quellen kolportierten Auffassungen?

Ja. Ich gehe davon aus, dass das der Plan war. Das hatte Moskau, vor allem aber auch die mehrheitlich aus Russen bestehende Krim-Bevölkerung sehr bald begriffen. Sie reagierte mit dem Referendum und kehrte dorthin zurück, wo sie bis 1954 war: zu Russland. Bekanntlich hatte seinerzeit der sowjetische Staats- und Parteichef Nikita S. Chruschtschow, ein gebürtiger Ukrainer wie ich, die Krim an die Ukraine verschenkt. Das war ein zweifacher Verfassungsbruch – diese Entscheidung war von den zuständigen politischen Gremien weder in Moskau noch in Kiew sanktioniert worden, wozu sie aber qua Verfassung verpflichtet gewesen wären.

Und auch 2014 wurde die gültige ukrainische Verfassung von der Opposition gebrochen. Sie hat überall im Lande Verwaltungsgebäude besetzt und sich bewaffnet, sich staatlicher Aufgaben bemächtigt, also die geltenden Gesetze und die Verfassung verletzt. Die EU hat das alles bemerkt und nichts dazu gesagt. Es schien, als habe man die Janukowitsch-Administration dafür bestrafen wollen, dass sie das Assoziierungsabkommen nicht unterzeichnet hatte. Und die USA wollten, wie schon erwähnt, einen Stellvertreter-Konflikt mit unserem östlichen Nachbarn.

Ja, aber ich muss noch einmal die Frage stellen: Wenn das der Administration alles bewusst war – warum hat der Präsident nicht darauf reagiert?

Ich meine, dass Präsident Janukowitsch damals nicht vorrangig den Interessen der Ukraine gedient hat. Er besaß im Ausland Konten und Anlagen und fürchtete wohl um deren Sicherheit, wenn er denn konsequent die nationalen Interessen durchgesetzt hätte. Die Proteste im November blieben friedlich, weil unsere Polizei unbewaffnet war. Dann bewaffnete sich nach dem 29. November der Maidan, worauf auch unsere Ordnungskräfte Waffen erhielten. Diese mussten sie aber später wieder einschließen, weil das die Vertreter der USA und die ukrainische Regierung gefordert hatten. Wenn Janukowitsch Frieden und ein Blutbad verhindern wolle, dürfe nicht mit Waffengewalt gegen die Opposition vorgegangen werden, forderten die Amerikaner.

Aber wenn bekannt war, dass es organisierte bewaffnete Kräfte gab, hätte man gegen sie vorgehen müssen. Sie kämpften gegen die Staatsmacht – warum nahm sie das einfach hin?

Der Präsident, ich sagte es schon, fürchtete meiner Meinung nach um seine Auslandskonten und gab darum den »Wünschen« des Auslands bereitwillig nach. Es waren aber nicht nur die USA, die Druck auf Janukowitsch ausübten. Ich traf mich einige Male mit einem Botschafter, der die Europäische Union seit 2012 in Kiew vertrat, und schilderte ihm ausführlich die Lage. Er unternahm nichts.

Am 21. Februar 2014 verließ ich das Hotel »Kiew« und sah, wie unsere Miliz davonlief. Ich fragte einen Oberst, was hier los sei. Er sagte, seine Einheiten seien bis auf Lärm- und Blendgranaten unbewaffnet, sie wüssten nicht, wie sie sich gegen die Angreifer zur Wehr setzen sollten und zögen daher die Flucht vor.

Nun ist aber nach dem Staatsstreich, wie Sie es nennen, Poroschenko bei den vorgezogenen Präsidentschaftswahlen am 25. Mai 2014 bereits im ersten Wahlgang mit knapp 55 Prozent gewählt worden. Damit, so sollte man meinen, wurde der Machtwechsel quasi im Nachgang von einer demokratischen Mehrheit legitimiert.

Nein, das sehe ich nicht so. Erstens lag die Wahlbeteiligung unter 60 Prozent, das heißt nicht einmal jeder dritte Wähler votierte für Poroschenko und die von ihm vertretenen Kräfte. Ja, ich weiß, in den USA kann man schon mit einem Viertel der Wählerstimmen Präsident werden. Aber eben nicht nach einem Staatsstreich.

Zweitens: Die Wahlkommission, die dieses Resultat feststellte, war noch die alte, die von Janukowitsch eingesetzt. Sie wissen, was das »Stockholm-Syndrom« ist? Es bezeichnet das psychologische Phänomen, wenn Opfer zu ihren Peinigern Sympathie zu entwickeln beginnen und mit den Tätern plötzlich gemeinsame Sache machen. Das fußt auf einer völlig verzerrten Wahrnehmung der Wirklichkeit. Für mich war das, was nach dem Staatsstreich und bei der Wahl geschah, Ausdruck eines kollektiven, fast gesamtnational wirkenden Stockholm-Syndroms.

Diejenigen, die nun *gegen* die siegreiche Opposition standen, wurden von der neuen Macht bedroht, und wer mit diesen nunmehrigen Oppositionellen auch nur sympathisierte, geriet sofort unter Verdacht. Das war so stigmatisierend wie in den 70er-Jahren in der Bundesrepublik, wo jeder, sobald er Maßnahmen der Staatsmacht gegen die Terroristen auch nur als überzogen kritisierte, als RAF-Sympathisant galt und gesellschaftlich geächtet wurde.

Ich reklamiere für mich, als Erster öffentlich den Machtwechsel als Staatsstreich bezeichnet zu haben – das war am 28. Februar 2014. Darauf reagierte ein Mitbegründer der nationalistischen Freischärler *»Regiment Asow«* von der Tribüne der Rada. Er erklärte, dass mein Sohn als Staatsanwalt dort und dort arbeite. Am nächsten Tag überfielen ihn faschistische Schläger in seinem Büro und schlugen ihn krankenhausreif. Mein Sohn lag 25 Tage auf der Intensivstation. Er war nicht das einzige Opfer der Rechtsextremisten.

Unter solchem Druck wählte man vorsichtshalber jene, die diesen Druck erzeugten, um in Ruhe gelassen zu werden. Zu dieser Nötigung rechne ich auch die Berufsverbote im Rahmen des Lustrationsgesetzes. Mit Verlaub: Poroschenko war unter Janukowitsch selbst Wirtschafts- und Handelsminister, und er erhielt den Spitznamen »Peter Warenumtausch«. Warum wohl? Er hätte mit diesem Gesetz auch aus dem Amt entfernt werden müssen.

Reden wir mal nicht über Poroschenko, sondern über seinen Vorgänger Janukowitsch. Wie würden Sie ihn als Präsident beurteilen?

Wiktor Janukowitsch war am Ende Geisel seiner eigenen Politik. 2004 genoss er viel Unterstützung im Volk, zehn Jahre später war das Vertrauen aufgezehrt, weil er zu wenig für das Volk getan hatte. Er verfolgte nur noch seine eigenen Interessen. Der Donbass beispielsweise erwartete von ihm, dass er sich um diese

Region kümmerte. Die gesamte dortige Montanindustrie lag am Boden, die Erneuerung zu Sowjetzeiten war immer wieder aufgeschoben worden, die Bergwerke und die Stahlindustrie wurden subventioniert, weil überall auf der Welt effektiver und kostengünstiger Kohle gefördert und Stahl gekocht wurde. Doch nichts geschah. Die Region fühlte sich auch von Janukowitsch vergessen und abgehängt. Und von den neuen Machthabern später erst recht. Janukowitsch ist ferner vorzuhalten, dass er Vertraute wie Premierminister Nikolai Asarow opferte, um seinen eigenen Kopf zu retten, und dass er mit Terroristen wie ein Krimineller verhandelte: nicht offiziell und öffentlich, sondern geheim hinter verschlossenen Türen. Er hätte stattdessen einen offenen Dialog mit dem Volk führen und um Unterstützung für seine Politik werben müssen.

Sie beschritten 2016 den Klageweg. Das Dorogomilowski-Gericht in Moskau stellte fest, dass 2014 ein Staatsstreich in der Ukraine erfolgt sei. Sie wollen dies nun auch auf der europäischen Bühne festgestellt haben. Sie wissen selbst, dass ein juristisches Urteil, egal von welcher Instanz ausgesprochen, das Rad der Geschichte nicht zurückdrehen wird. Warum machen Sie das dennoch?

Mir geht es um die historische Wahrheit. Ich bin nicht der Erste, der sie juristisch festgestellt haben will. Drei honduranische Richter beispielsweise haben vor einem US-Gericht in vergleichbarer Sache geklagt. 2009 war in Honduras mit Unterstützung der USA der demokratisch gewählte Präsidenten Zelaya gestürzt worden. Allerdings weigerte sich das State Department der Obama-Administration, dieses Ereignis als »Staatsstreich« oder »Putsch« zu bezeichnen. Außenministerin Hillary Clinton gab zu, dass man vorab zwar Kenntnis gehabt und eine Woche vorher zwei hohe Beamte geschickt habe, um den Staatsstreich zu »bremsen«. Hillary Clinton veröffentlichte nach dem Putsch, am 28. Juni 2009, eine Erklärung, die die Ereignisse explizit nicht als »Putsch« bezeichnete.[3] Aber zugegeben: Es gibt durchaus Ähnlichkeiten zwischen dem Putsch in Honduras, der doch angeblich keiner war, und den Vorgängen in der Ukraine.

Aber Sie haben ja selbst gesagt, dass die Klage in den USA nichts brachte. Warum dennoch Ihre Bemühungen?

Noch einmal: Ich möchte gerichtlich festgestellt haben, dass jeder einzelne Schritt der Putschister verfassungswidrig war. Die Art, wie der Präsident aus dem Amt getrieben wurde, und dass mit ausländischen Mächten kollaboriert wurde und so weiter. Mit Recht und Gesetz hatte das so wenig zu tun wie mit der »Demokratie«, der doch angeblich mit dem Staatsstreich zum Durchbruch verholfen werden sollte. Das Moskauer Gericht kam nach Prüfung der dokumentierten Vorgänge und Beweise zu dem Urteil, dass es sich zweifelsfrei um einen Staatsstreich gehandelt habe. Das wird später so in den Geschichtsbüchern stehen.

Vermutlich nur in den russischen. Haben Sie den gleichen Antrag beim Verfassungsgericht in Kiew gestellt?

Stellen wollen. Dazu brauchte ich jedoch die Unterstützung von mindestens 45 Parlamentsabgeordneten. Ich habe nicht so viele gefunden. Mein an die Staatsanwaltschaft gerichteter Antrag wurde abgelehnt, ebenso ein Antrag an das Verwaltungsgericht. Das nehme ich als Indiz für die Gleichschaltung der Justiz und das Ende der Unabhängigkeit der Gerichte in der Ukraine. Die Tatsache, dass das erste Gesetz nach dem Staatsstreich ein Amnestie-Gesetz war, scheint mir verräterisch genug. Erstens: Die Aktivisten des Umsturzes amnestierten sich selbst. Zweitens: Sie waren sich der Unrechtmäßigkeit ihres Handels bewusst. Deshalb sollten auch die Beweise beseitigt bzw. Ermittlungen unterbunden werden.

Die Justiz wurde blockiert und damit ausgeschaltet

In der Tat ist der Verdacht nicht von der Hand zu weisen, dass die neue Macht Spuren verwischen wollte, indem sie beispielsweise die Aufklärung der Morde auf dem Maidan boykottierte. Auch die EU forderte Ermittlungen. Im April 2014, anderthalb Monate nach dem Machtwechsel und unzufrieden mit den bisherigen Schritten, setzte der Europarat ein Expertengremium ein. Es bestand aus dem ehemaligen Präsidenten des Europäischen Gerichtshofs für Menschenrechte, dem Briten Nicolas Bratza, und dem früheren ukrainischen Richter am Straßburger Gerichtshof, Wolodimir Butkewitsch, sowie dem ehemaligen Generalstaatsanwalt der Ukraine, Oleg Anpilogow.

Ein Jahr später, im April 2015, legten die drei einen Bericht vor. Darin wurde der Kiewer Regierung vorgeworfen, die Aufklärung der Morde auf dem Maidan vom Februar 2014 massiv und gezielt zu behindern.[1] Seit den gewalttätigen Ereignissen während der Demonstrationen auf dem Maidan habe es bei der Aufklärung der Taten keinen substanziellen Fortschritt gegeben. Über 100 Menschen seien im Februar 2014 auf dem Maidan zumeist erschossen worden, aber lediglich drei Polizisten wären seither zur Rechenschaft gezogen worden. Die drei ehemaligen Berkut-Angehörigen waren im April festgenommen worden – einen davon entließ man mit elektronischer Fußfessel, er verschwand bald darauf.[2]

Vor allem das ukrainische Innenministerium und der Inlandsgeheimdienst SBU hätten eine »unkooperative Haltung« gezeigt, empörte sich das Gremium des Europarates. Sehr deutlich kritisierten die drei Richter auch Präsident Petro Poroschenko, weil der im September 2014 eine Amnestie für Verbrechen auf dem Maidan angeregt hatte. Poroschenko wollte jene Angehörigen der ukrainischen Sicherheitskräfte von Strafverfolgung freistellen, die in der Ostukraine gegen die Separatisten kämpfen. In dieser Atmosphäre von Vertuschung, Nachsicht und Desinteresse konnte Anfang 2016 Ivan Bubentschik als, wie er in einem Film vorgestellt wurde, »militanter Maidananhänger« und nunmehr Soldat, freimütig in einem Interview zugeben, am 20. Februar 2014 zwei Berkut-Polizisten vom Konservatorium aus gezielt be- und erschossen zu haben. Im Verlauf dieses Morgens hätte er dann noch weitere Polizisten verwundet. Insgesamt 75 Patronen habe er verschossen.[3]

2015 legte ein aus der Ukraine stammender und seit rund 20 Jahren in Nordamerika lebender Wissenschaftler seine in akribischer Forschungstätigkeit gewonnenen Untersuchungsergebnisse vor. Ivan Katschanowski lehrte als Dozent an der Universität Ottawa, nachdem er bereits in Harvard, Toronto und auch im US-amerikanischen Potsdam tätig gewesen war. Für seine 79 Seiten umfassende Studie »The ›Snipers'‹ Massacre‹ on the Maidan in Ukraine« hatte er zahlreiche öffentlich zugängliche Quellen ausgewertet: etwa 1500 Video-Aufnahmen aus Fernsehen und Internet, Berichte von etwa 100 Journalisten, die in nationalen und internationalen Medien verbreitet wurden, Hunderte Fotos, 30 Gigabyte Funkverkehr zwischen den Einsatzkräften und Kommandeuren, Zeugenaussagen, Erklärungen von Beamten und Milizionären, Gutachten über Munition und Waffen, Arztbefunde, Protokolle und dergleichen mehr.[4] Aufgrund von Schussverletzungen und -spuren schloss Katschanowski, dass die Mehrheit der tödlichen Schüsse aus etwa 20 Gebäuden kam, die entweder vom Maidan, also den Protestlern – vom *Rechten Sektor* bis zum naiven Mitläufer –, besetzt waren oder von ihnen kontrolliert wurden. Das Feuer auf die Berkut-Kräfte war am 20. Februar, gegen 6 Uhr, aus dem Haus des Konservatoriums eröffnet worden. Das

bestätigte sowohl der seinerzeitige Hauptmann der »Selbstverteidigungskräfte« des Maidan, Wladimir Parasiuk, 2015 Parlaments-
Abgeordneter, als auch ein Schütze in einem BBC-Interview. Er
sei auf diesen Einsatz angeblich schon seit Ende Januar vorbereitet worden. Um 8.50 Uhr hätten die Protestierenden, in der
Mehrheit unbewaffnet, die Barrikaden in der Institutskaja- und
in der Hruschewskoho-Straße auf Kommando der Maidan-Füh-
rer verlassen. Danach wurden die Protestler aus den Fenstern des
Hotels »Ukraina« und aus anderen besetzten Häusern von Scharf-
schützen beschossen. Ein britischer Fernsehkorrespondent filmte
beispielsweise um 9.30 Uhr vom Eingang des Oktober-Palastes,
der von Maidan-Kräften besetzt war, wie aus einem Fenster in der
11. Etage im Hotel »Ukraina« auf dieses Haus geschossen wurde.
Wie Ermittlungen ergaben, wurden das Hotelzimmer 1132 und
auch die Nachbarräume von den »Swoboda«-Abgeordneten Igor
Jankiw, Oleg Pankewitsch und Alexander Sytsch bewohnt.[5] Katschanowski konstatierte, dass die meisten Opfer jenes Tages im
Kreuzfeuer starben: Sie wurden gleichzeitig von hinten, von links
und rechts getroffen – nicht aber von vorn, wo die Berkut-Barrikade stand. Und als die Protestler diese stürmen wollten, hielten sie
die eigenen Kommandeure plötzlich zurück. Nach Sichtung der
Quellen gelangte Katschanowski zu der Überzeugung, dass die
bewaffnete Aktion sich nicht gegen die staatlichen Sicherheitskräfte gerichtet hatte, und diese hätten auch nicht angegriffen. Es
sei weder von der einen noch von der anderen Seite eine Angriffs-
oder Verteidigungshandlung gewesen, sondern eine inszenierte
Mordorgie.

Während des Besuches von Steinmeier, Fabius und Sikorski
fand vor den Augen der Welt also ein Massenmord statt, der – so
die Interpretation – dem Janukowitsch-Regime angelastet werde sollte. Das Abkommen hatte ihm quasi eine Gnadenfrist und
einen geordneten Rückzug zugestanden. Der aber sollte durch
die Gewaltorgie verhindert werden. Die fehlende Bereitschaft der
Kiewer Administration zur lückenlosen Aufklärung des Verbre-

chens offenbarte nicht nur deren eigenartiges Demokratie- und Rechtsverständnis, sondern auch die blutige Basis, auf der ihre Macht gründet. Oder wie das ARD-Magazin »Monitor« am 10. April 2014 nach Recherchen vor Ort – die im Übrigen die Behauptung widerlegten, Janukowitsch allein sei verantwortlich für die Toten an jenem 20. Februar – kommentierte: »Bei allen offenen Fragen: Dass ein Vertreter der nationalistischen *Swoboda*-Partei als Generalstaatsanwalt die Aufklärung des Kiewer Blutbades ganz offensichtlich behindert, wirft ein schlechtes Licht auf die neue Übergangsregierung und damit auch auf jene westlichen Regierungen, die die neuen Machthaber in Kiew unterstützen.«[6]

Heiner Sylvester und ich machten uns auf den Weg, um Viktor P. Pschonka zu treffen und ihn zu interviewen. Wir waren neugierig auf den Mann, der, nach allem, was wir wussten, eine Schlüsselfigur in der Ukraine bis 2014 gewesen war. Der 1954 im Gebiet Donezk geborene Pschonka hatte nach seinem Militärdienst in den 70er-Jahren Jura in Charkiw studiert. Seit 1980 arbeitete er in der Staatsanwaltschaft von Kramatorsk, 2003 wurde er als Stellvertretender Generalstaatsanwalt nach Kiew berufen. Er trat nach einem Jahr von dieser Funktion zurück, übernahm 2006 erneut dieses Amt und wurde vom Parlament 2010 zum Generalstaatsanwalt der Ukraine ernannt. In dieser Funktion war Pschonka verantwortlich für die Arbeit aller Staatsanwälte im Lande, die über die Einhaltung der Gesetze wachten, über die Ermittlungsbehörden des Ministeriums für Inneres, des Sicherheitsdienstes der Ukraine (SBU), der Steuerpolizei und die Sondereinheiten, die die organisierte Kriminalität und Korruption bekämpften. Der Generalstaatsanwalt war auch zuständig für die Aufsicht über den staatlichen Zolldienst und den Grenzschutz. Pschonka gehörte zu Janukowitsch' engerem Mitarbeiterstab. Unmittelbar nach dem Machtwechsel erließ Kiew Haftbefehl gegen ihn. Doch internationale Institutionen hielten die vorgebrachten Argumente für nicht ausreichend, um Pschonka juristisch zu verfolgen.

Herr Pschonka, Sie schlugen am 6. Dezember 2013 in der Werchowna Rada Alarm. Warum?

Als Generalstaatsanwalt war ich, wenn man so will, der höchste Ankläger der Republik. In jedem Rechtsstaat würdigt der Staatsanwalt die vornehmlich von der Polizei vorgenommenen strafrechtlich relevanten Ermittlungen und entscheidet dann, ob das Ermittlungsverfahren eingestellt oder ob Anklage erhoben wird. Kommt es zum Verfahren, ist vor Gericht der Staatsanwalt der Kläger und handelt insofern, wie der Name schon sagt, als Anwalt des Staates. Er sorgt dafür, dass die von den Körperschaften des Staates beschlossenen und gültigen Gesetze durchgesetzt werden, indem er Gesetzesverletzungen juristisch verfolgt. Staatsanwälte können auch selbstständig ermitteln und Beschuldigte oder Zeugen vernehmen. Und bei »Gefahr im Verzuge« handeln, etwa wenn Beweismittel beseitigt werden könnten, ehe der Ermittlungsrichter ein entsprechendes Papier ausgefertigt hat.

Soweit das Allgemeine, und nun konkret zu Ihrer Frage: Ich fühlte mich also der Verfassung und dem Parlament, das mich in diese Funktion berufen hatte, verpflichtet, weshalb ich die Abgeordneten über die Lage im Lande informieren musste. Bekanntlich hatte der Präsident am 28. November 2013 seine Zustimmung zum Assoziierungsabkommen mit der EU verweigert. Bereits sieben Tage zuvor, als Premierminister Asarow dies vor dem Parlament angekündigt und begründet hatte, waren Studenten der Kiew-Mohyla-Akademie auf den Maidan gezogen und hatten lautstark gegen die Regierungsentscheidung protestiert. Das fand großes Echo nicht nur im westlichen Ausland, sondern auch in den nationalen Medien, weil viele hiesige Journalisten so naiv waren zu glauben, dass nunmehr die Ukraine kein europäisches Land mehr sei und vollständig den Russen ausgeliefert werde. Die Proteste flauten jedoch von Tag zu Tag ab, und der Koordinierungsausschuss der Studenten sicherte zu, dass sie am Freitag, dem 29. November, bis 24 Uhr den Maidan räumen würden, damit die Stadtverwaltung planmäßig den traditionellen Weihnachtsmarkt dort aufbauen konnte.

Am Freitagabend erschienen viele Reporter und Fernsehteams mit Übertragungswagen und Scheinwerfern. Kurz vor Mitternacht stürmten aus Richtung Hotel »Ukraina« und dem Konservatorium etwa 100 junge Männer auf den Platz und begannen mit Stöcken und Ketten auf Studenten und Polizisten einzuschlagen, die den Abbau des Protestcamps überwachten. Daraufhin eilte ein Trupp der dem Innenministerium unterstellten Sondereinheit Berkut den attackierten Kollegen zu Hilfe. Bei ihrem massiven Vorgehen unterschieden die Berkut-Angehörigen jedoch nicht zwischen den militanten Angreifern und den friedlichen Demonstranten. Es floss Blut. Die Milizionäre waren nicht zimperlich bei der Herstellung von Ruhe und Ordnung auf dem Platz. Und dies vor laufenden Kameras! Die Bilder erreichten jedes Wohnzimmer in der Ukraine und gelangten in die Welt, die Wirkung war verheerend. Der »blutige Diktator Janukowitsch« war geboren.

Wir begannen zu ermitteln, wer diese Provokateure waren und woher sie kamen, weshalb der Berkut-Einsatz nötig geworden war und welcher Teufel die Berkut-Leute geritten hatte, so brutal vorzugehen. Doch die Provokateure hatte scheinbar der Erdboden verschluckt: Sie waren so rasch verschwunden, wie sie aufgetaucht waren. Die Untersuchungen liefen zunächst ins Leere. Die Ermittler kamen aber auch deshalb nicht weiter, weil ihnen nicht geholfen wurde, sie bei den Untersuchungen nicht unterstützt wurden. Wer wollte sich schon als Zeuge für eine nunmehr als »blutige Diktatur« stigmatisierte Obrigkeit und deren Organe hergeben? Die juristischen Ermittlungen wurden, so kann man sagen, abgeblockt. Und diese Verweigerung nahm von Tag zu Tag zu, sie weitete sich aus. Auch außerhalb Kiews. Es wurde zunehmend schwieriger, Recht und Gesetz durchzusetzen. Darüber berichtete ich am 6. Dezember 2013 ausführlich in der Rada. Das Parlamentsgebäude war zu jenem Zeitpunkt bereits belagert und blockiert, durch das Regierungsviertel zogen sich Barrikaden, die

Demonstranten hielten seit Tagen schon das Rathaus, das Haus der Gewerkschaften und ein Verwaltungsgebäude am Maidan besetzt.

Wie waren die Reaktionen auf Ihren Appell im Parlament?
Gespalten. Die einen teilten meine Schlussfolgerung, dass im Lande begonnen worden sei, die staatliche Ordnung systematisch zu untergraben und die Regierungsarbeit unzulässig zu behindern – die Opposition hingegen kritisierte meine Einschätzung. Das seien alles zulässige Protestaktionen, die Gewalt gehe einzig von der Regierung und vom Präsidenten aus. Deshalb hätten diese zu verschwinden. Sie machten außerdem die *Partei der Regionen*, die Regierungspartei, und die sie stützende Fraktion der Kommunisten dafür verantwortlich, dass sich – als Reaktion auf die Zusammenstöße in der Hauptstadt seit dem 29. November – in vielen Städten, insbesondere im Südosten der Ukraine, eine Gegenbewegung formiert hatte, »Anti-Maidan« genannt. In Donezk, Luhansk, Charkiw, Saporischja, Odessa und an anderen Orten gingen die Menschen auf die Straße und forderten: »Janukowitsch, schaff' Ordnung und bereite der Gesetzlosigkeit ein Ende!«

Was jedoch unterblieb. Es lief alles nicht nur weiter, sondern die Auseinandersetzungen eskalierten.
Ja. In den Monaten Dezember, Januar und Februar gab es 23 tote und 932 zum Teil schwer verletzte Polizisten.

Opfer gab es auch auf der anderen Seite. Oder etwa nicht?
Natürlich. Aber den Zahlen, die verbreitet wurden, glaube ich nicht. Ich halte sie für unseriös. Warum? Unseren Ermittlungsbehörden wurde der Zugang zum Maidan und zu anderen Tatorten verweigert. Jedes Gewaltverbrechen muss bekanntlich von Staats wegen aufgeklärt werden. Wenn jemand verletzt oder getötet wird, muss ermittelt werden. Vorurteilsfrei und objektiv. Dazu müssen alle Tatumstände, alle Fakten und Beweise aufgeklärt und

gesichert, Zeugen befragt und Beschuldigte vernommen werden. Dann kommt die Sache vor Gericht, und es wird auf der Basis geltenden Rechts ge- und verurteilt. Das war inzwischen kaum mehr möglich.

Weil die Ermittlungsarbeit behindert wurde, indem Tatorte nicht untersucht werden durften und Zeugen schwiegen oder nicht die Wahrheit sagten?
Das traf zu. Aber das war es nicht allein.

Sondern?
Da es sich um keinen Einzelfall handelte, sondern es die Regel war, gehe ich von einer Strategie aus, nach der verfahren wurde. Die Ermittlungsbehörden können Personen »auf frischer Tat« festnehmen. So handelten auch unsere Polizisten. Sie griffen sich verdächtige Schläger oder Schützen, Jugendliche mit Waffen, Plünderer und Provokateure, um deren Identität festzustellen oder ihre Flucht zu verhindern. Solche Festnahmen erfolgten immer »vorläufig«. Der Staatsanwalt wurde, wie üblich, informiert und stellte nach Prüfung der Fakten einen Antrag auf Erlass eines Haftbefehls. Auf Basis der vorgetragenen belastenden Fakten entschied der Richter, ob der vorläufig Festgenommene in Untersuchungshaft kam oder freigelassen werden musste. War die Beweislage nicht ausreichend, musste man den vorläufig Festgenommenen laufen lassen. Dafür gab es eine Frist, in zivilisierten Ländern sind das 24 Stunden, also ein Tag. Wenn beispielsweise jemand am Samstag 0.15 Uhr vorläufig festgenommen wird, muss er spätestens am Sonntag 24 Uhr auf freien Fuß gesetzt werden, wenn es nicht ausreichende Gründe für den Erlass eines Haftbefehls gibt.

Und genau das war der springende Punkt. Unsere Ermittler wurden an ihrer Arbeit massiv gehindert, sie konnten Tatorte nicht untersuchen, Zeugen nicht feststellen und befragen und dergleichen mehr. Das hatte zur Folge, dass die Vorlagen für den

Haftrichter ziemlich dünn waren, und dieser konnte sich daraufhin nur für die Haftentlassung aussprechen.

Sie meinen also, dass hinter der Behinderung der Justiz System steckte?
Das meine ich.

Nun hat aber in dem bewussten Vierteljahr das Parlament drei Amnestiegesetze verabschiedet. Warum? Weil die Gesetze zu hart und überzogen waren?
In jener Zeit verfolgten wir Verstöße gegen etwa 80 Paragrafen des geltenden Strafgesetzbuches, das reichte von der Störung der öffentlichen Sicherheit bis hin zu schwersten Gewalttaten. Die Linie des Präsidenten war Frieden und Ruhe um jeden Preis. Dazu gehörte auch, dass man ein wenig milder und nachsichtiger urteilte, um den Druck aus dem Kessel zu nehmen.

Was aber nichts nützte.
Nein. Für mich war das ein überlegt geplanter und auf verschiedenen Ebenen in Gang gesetzter Umsturz, wozu eben auch die systematische Behinderung der Tätigkeit der legitimierten Exekutive und Legislative gehörte.

Zu den ersten Maßnahmen der neuen Macht gehörte ebenfalls der Erlass eines Amnestiegesetzes. War das nicht zu begrüßen?
Das diente im Wesentlichen der Verschleierung, auf welche Weise die neuen Herren an die Macht gelangt waren. Die Fortsetzung angelaufener Ermittlungen wurde untersagt, Beweismittel wurden vernichtet, Akten geschreddert und neue Untersuchungen zunächst verhindert, dann verschleppt. Der Europarat monierte nach Jahresfrist, dass nichts passiert sei, obgleich doch Präsident Poroschenko und seine Subalternen der ganzen Welt konsequente Aufklärung und Verfolgung der Schuldigen versprochen hatten. Die Haltung des Kiewer Innenministeriums ge-

genüber den internationalen Ermittlern sei »unkooperativ und verschleppend«, der Geheimdienst SBU »blockiere«. Kiew sei erkennbar nicht an Aufklärung interessiert, rügte der Europarat.[7] An diesem Zustand hat sich bis heute so gut wie nichts geändert. Anstelle der Aufklärung der Verbrechen gab es gleich nach dem Staatsstreich eine Lustrationskommission und ein Lustrationsgesetz, mit dem ukrainischen Staatsdiener, Wissenschaftler, Militärs, Juristen entlassen wurden, die länger als ein Jahr auf Treu und Glauben ihrem Land gedient hatten. Obwohl es erheblichen Widerspruch im In- wie im Ausland an solchen »Säuberungsmaßnahmen« gab – die unterschiedslose kollektive Verurteilung wurde beispielsweise von der Venedig-Kommission des Europarates kritisiert, sie forderte eine Überarbeitung des Gesetzes –, machte das Poroschenko-Regime Tausende und Abertausende Menschen aus ideologischen Gründen arbeitslos. Das ist in der ukrainischen Geschichte ohne Beispiel.

Ich will noch einmal auf die Wochen vor dem Umsturz zu sprechen kommen. Am 19. Januar 2014 war es erneut zu gewalttätigen Ausschreitungen in Kiew gekommen. Vermummte Gestalten versuchten, das Parlament zu stürmen und zündeten Fahrzeuge an. Bei den Unruhen starben fünf Menschen, viele wurden verletzt. Den blutigen Zusammenstößen am 20. Februar 2014 fielen über 100 Menschen zum Opfer, meldeten die Nachrichten. »Die meisten von ihnen durch Schüsse der regimetreuen Berkut-Einheiten des Innenministeriums«, hieß es und heißt es noch immer. Woher will man das wissen, wenn es denn keine offiziellen Ermittlungen gab?

Wir konnten aus den genannten Gründen nicht ermitteln, und nach dem 20. Februar 2014 erst recht nicht, weil da der Staatsstreich bereits am Laufen war.

Es gibt eine unabhängige Untersuchung eines aus der Ukraine stammenden Wissenschaftlers, der seit über 20 Jahren in den USA lehrt. Dieser Professor Ivan Katschanowski hat eine Studie vorgelegt, in der es heißt, dass am 20. Februar 2014 die meisten Opfer im Kreuzfeuer starben: Sie wurden gleichzeitig von hinten, von links und rechts getroffen – nicht aber von vorn, wo die Berkut-Barrikade stand. Das scheint nicht verwunderlich, denn als die Protestler gegen die Berkut-Mauer anstürmen wollten, wurden sie von den eigenen Kommandeuren plötzlich zurückgehalten. Ich teile Katschanowskis Auffassung, dass die Berkut-Leute nicht angegriffen haben. Da haben andere geschossen. Ärzte, die die Verletzten versorgten und die Toten obduzierten, sagten, dass die Opfer – Protestler wie Polizisten – von den gleichen Kugeln getroffen worden waren. Sie glauben doch nicht im Ernst, dass wir auf unsere eigenen Leute geschossen hätten? Dass die Täter nicht ermittelt und die Hintergründe der Mordaktion vom 20. Februar 2014 nicht aufgeklärt worden sind, überrascht mich nicht.

Konnten Sie sich selbst »geordnet« aus der Riznytska Straße in Kiew zurückziehen, wo die Generalstaatsanwaltschaft bis auf den heutigen Tag arbeitet?

Was heißt »geordnet«? Die beteiligten Seiten – die drei EU-Außenminister, die Sprecher der »Opposition« Jazenjuk, Klitschko und Tjagnybok sowie Präsident Janukowitsch – hatten unter anderem verabredet, dass binnen Jahresfrist ein neuer Präsident gewählt werden solle, und offenkundig gingen alle davon aus, dass der neue Präsident nicht mehr der alte sein würde. Aber so lange wollten ganz offensichtlich die hinter der »Opposition« stehenden Kräfte nicht warten. Also wurde geputscht.

Ich selbst als oberster Ermittler war natürlich gefährdet und stand auf einer Liquidations-Liste, wie mich das Innenministerium informierte. Es gab, wie ich später erfuhr, zwei Verräter in der Generalstaatsanwaltschaft, die alle von uns geplanten Maßnahmen durchsteckten. In den Stabsstellen des Maidan wussten sie über jeden von uns beabsichtigten Schritt vorher Bescheid und stellten sich darauf ein. Wie ernst sie es mit ihren Mordabsichten meinten, wurde mir bewusst, als ein Kommando des *Rechten Sektors* mein Wohnhaus in Gurenichi, einem Kiewer Vorort, stürmte und plünderte und ich Hinweise bekam, das Land besser nicht per Flugzeug zu verlassen: Auf dem Kiewer Airport Boryspil warte man bereits auf mich. Danach habe man mich auf den Maidan bringen und lynchen wollen. Da wir aber jetzt miteinander reden, ist klar, dass ich mich rechtzeitig hatte in Sicherheit bringen können. Spontan, also »ungeordnet«.

Als Generalstaatsanwalt waren Sie doch von einem demokratisch gewählten Parlament legitimiert.

Dieses Parlament wollte mich aber nicht mehr sehen. Es saßen dort zwar noch dieselben Abgeordneten, aber viele hatten ihr Mäntelchen gleich in den neuen Wind gehalten und die Partei gewechselt. So war aus der oppositionellen Minderheit in der Rada plötzlich die Mehrheit geworden, die sich von Bildern und offenkundigen Lügen beeindruckt zeigte und ihnen unkritisch Glauben schenkte. Die Wahrheit wollte die »neue Mehrheit« nicht hören. Schon gar nicht von einem »Diktatoren-Freund«. Die Richtschnur für politisches Handeln war die »Gesinnung«, nicht das Gesetz. Jeder Staat, wenn er denn ein demokratischer sein will, braucht ein funktionierendes Rechtssystem. Davon ist die gegenwärtige Ukraine sehr weit entfernt. Das wird mir jeder Jurist bestätigen.

Pschonka verstärkte in diesem aufschlussreichen Gespräch 2017 meinen Verdacht, dass der Opportunismus in der politischen Klasse der Ukraine mindestens so weit verbreitet ist wie die Korruption. Repräsentativ schien Heiner und mir auch das Urteil, das Wladimir Ischtschenko im Dezember 2014, damals Vizedirektor des Zentrums für Sozial- und Arbeitsforschung in Kiew, über den im Mai gewählten Präsidenten Poroschenko abgab: »Politisch ist er für alles zu haben, er ist ein Opportunist: Ende der 1990er-Jahre war er Mitglied einer Pro-Kutschma-Partei, dann Mitbegründer der *Partei der Regionen*. Anschließend hat er seine eigene Partei gegründet, die Solidaritätspartei. 2004 hat er Viktor Juschtschenko unterstützt. Später wurde er Außenminister, unter Janukowitsch dann Handelsminister.«[3]

»Sag dem Präsidenten: Operation Ceauşescu ist angelaufen«

Es war zum Jahreswechsel 2013/14. Ich war über den Maidan gelaufen und hatte in die Gesichter der dort Ausharrenden geschaut. Nicht nur die Kälte hatte manches Gesicht gerötet, die Stimmung war ausgelassen, nahezu fröhlich. Man wärmte sich am offenen Feuer, die Flaschen kreisten, man sang und scherzte. Nun wartete ich auf die U-Bahn, um in mein Quartier zu fahren. Dann kam der Zug, ich drängte mich mit überwiegend jungen Leuten in den Waggon. Kaum älter als 25 die meisten, Studenten vermutlich. Sie waren heiter und beschwingt. Auch sie kamen vom Maidan. Der Protest schien ihnen Spaß zu bereiten. Sie lachten laut, stießen sich an, schubsten sich, wirkten euphorisiert wie nach einem guten Konzert, richtig aufgedreht.

Ich stutzte und wunderte mich über mich selbst. War ich, nach 20 Jahren Berlin, inzwischen zum grüblerischen Preußen und sauertöpfischen Protestanten geworden, dass ich innerlich Anstoß nahm an ihrer Ausgelassenheit? Immerhin, dort oben auf dem Platz hatte es bereits Tote und Verletzte gegeben. Sie kamen von einem Friedhof und rissen Witze. Ich wischte den Gedanken beiseite und schalt mich einen Esel. Lass sie doch, sagte ich mir. Plötzlich rief einer: »Wer nicht springt, ist ein Moskal!« Und schon hüpfte die ganze Gruppe, immer und immer wieder, dass man Sorge haben musste, der Waggon könnte aus den Schienen springen. Wer nicht springt, ist ein Moskal! Hatte ich richtig gehört: москаль? So hießen jahrhundertelang die Bewohner des Großherzogtums Moskau, jetzt war es eine abfällige Bezeichnung für in der Ukraine lebende Russen. Vergleichbar vielleicht mit »Yankee« oder »Gringo« in den USA. Nur noch ein wenig dreckiger und beleidigender. Moskal! Kein Zweifel. Und die Mädchen und Jungen hüpften unablässig in die Höhe, feixten und kreischten dabei, denn niemand im Waggon wollte so ein Mistkerl, so ein Moskal sein.

Ich war irritiert. Sie hüpften nicht aus Protest gegen Janukowitsch, nicht gegen die Korruption, gegen all die Ärgernisse, die sie auf den Maidan hatten zusammenströmen und im heiligen Zorn ihren Unmut zeigen lassen. Nein, sie sprangen, um nicht als moskauhörig und russenfreundlich zu gelten. Das war dümmlicher Nationalismus, wie ich ihn bisher in der Ukraine nicht erlebt und auch nicht erwartet hatte. Schon gar nicht bei jungen Menschen, die doch nach Europa wollten, weil sie sich selbst für Europäer hielten. Und Europa, bedeutet das nicht Toleranz, Aufgeschlossenheit, Weltoffenheit, frei sein von Chauvinismus und Fremdenhass ...? Ein leichter Schatten legte sich über meine Sympathie, die ich für den Maidan empfand, für die jungen Leute, die sich in Frost und Kälte die Beine in den Bauch standen. Erstmals keimte in mir Zweifel, ob alles zu einem guten Ende käme, zu Resultaten, wie ich und meinesgleichen sie uns erträumten.

Wann änderte sich die Stimmung auf dem Maidan, wann verlor sich der sozialpolitische Impetus, der die Menschen, vornehmlich Studenten, das Protestcamp hatte aufschlagen lassen? Ich hoffte, darüber etwas vom Ex-Chef des Präsidialamtes zu erfahren. Andrej P. Kljujew, Jahrgang 1964, geboren in Donezk, hatte an der dortigen Technischen Universität studiert und danach als Bergbauingenieur in der Region gearbeitet. Unter dem Gouverneur des Gebiets Donezk, Wiktor Janukowitsch, war er 1998 stellvertretender Vorsitzender der Gebiets-Verwaltung geworden. Seit 2002 saß Kljujew als Abgeordneter in der Werchowna Rada, 2003/04 war er Vizepremierminister, 2006/07 noch einmal. Von 2010 bis 2012 arbeitete er als Erster Stellvertretender Ministerpräsident und Minister für Wirtschaftsentwicklung und Handel. Danach war Kljujew bis zum Januar 2014 Sekretär des Nationalen Sicherheits- und Verteidigungsrates. In den folgenden vier Wochen leitete er das Präsidialamt.

Herr Kljujew, als Sekretär des Sicherheitsrates wurden Sie gewiss über die Entwicklung auf dem Maidan informiert. Wann nahm für Sie der Protest bedrohliche Form an, wurde Ihnen bewusst, dass die staatliche Sicherheit der Ukraine bedroht ist?

Die Studentenproteste in der letzten Novemberwoche 2013 waren harmlos, das hält ein demokratischer Staat aus. Die Situation kippte am 29. November, als sich die Studenten anschickten, das Camp aufzulösen und nach Hause zu gehen. Da kam es zu dieser Provokation durch Hooligans und Nationalisten, die hinzugekommen waren und Steine und Flaschen auf die unbewaffneten Polizisten warfen. Berkut-Sicherheitskräfte eilten ihnen zu Hilfe, wehrten sich massiv, womit die Bilder entstanden, die man für den Beweis brauchte, wie grausam und brutal die herrschende Macht war. Solche spektakulären Aufnahmen fehlten 2004/5 bei der sogenannten Orangenen Revolution, weshalb damals die Sache vergleichsweise harmlos ausging. Das sollte sich nicht wiederholen. Der Maidan veränderte sich, es kamen radikale, bewaffnete Kräfte hinzu, es entstanden Strukturen, militärisch geführte und handelnde Strukturen. Für mich zeichnete sich in dieser Zeit ab, dass wir es mit keiner Bewegung à la »Orangene Revolution« zu tun hatten, sondern dass sich etwas Gefährliches zusammenbraute.

Der Grund für Ihre Vermutung?

Im März 2015 sollten turnusmäßig Präsidentschaftswahlen stattfinden, und alle Erhebungen und Befragungen sahen Janukowitsch vorn. Das wussten nicht nur wir, sondern auch die »Opposition« und die hinter ihr stehenden Kräfte. So wurde denn die Parole ausgegeben: Janukowitsch muss weg! Das wurde geschickt choreografiert: politisch, propagandistisch, durch Protest auf der Straße, militärisch, medial. Nebenbei: Ende Februar 2014, als Janukowitsch aufgrund des Staatsstreiches das Land verlassen hatte und es überall hieß, an seinen Händen klebe Blut, hatte er im Volk noch immer eine Zustimmung von etwa 30 Prozent. Der gegenwärtige [Anm. d. Autors: zur Zeit des Interviews] Präsident Poroschenko kommt aktuell auf etwa fünf Prozent.

Umfrageergebnisse sind das eine, die tatsächliche Stimmung im Lande und die beurteilten Leistungen das andere.

Natürlich. Tatsache ist: Die Mehrheit der ukrainischen Bevölkerung war 2013 mit ihrem Leben im Großen und Ganzen zufrieden. Sie finden in jedem Staat der Welt, in jedem Volk und zu allen Zeiten immer Menschen, die unzufrieden, unglücklich sind und/oder kritisch zu ihrer Obrigkeit stehen, egal, wie die wirtschaftliche und politische Lage im Lande ist. Das ist in der Regel eine Minderheit. Gewiss, auch Mehrheiten können sich irren und den falschen Führern folgen, aber das funktioniert nicht ewig. Irgendwann lehnt sich das Volk auf.

Wie das ukrainische.

Das war nicht »das Volk«. Es war auch nicht eine qualifizierte Minderheit, die das »Janukowitsch-Joch« abschütteln wollte. Es waren bestimmte Kräfte, die von außen unterstützt und gesteuert wurden. Sie verfügten über Geld, sehr viel Geld, über Einfluss und Medien, und über das Know-how, wie ein gesellschaftlicher Umbruch zu bewerkstelligen ist. Sie vermochten es, Teile des Volkes in der Ukraine erfolgreich zu manipulieren und zu mobilisieren. Darin hatten sie Erfahrungen, es war nicht das erste Mal.

Sie arbeiteten in Ihrer Funktion eng mit dem Präsidenten zusammen, hatten täglich mit ihm zu tun. Wie war das in den letzten Tagen und Wochen? Wie ging es im Präsidialamt zu?

Im Wesentlichen führte ich Gespräche mit Vertretern der »Opposition« und mit ausländischen Politikern, um eine für alle Seiten annehmbare Vereinbarung zu formulieren, die die Konfrontation beenden sollte. Das zog sich über den Februar hin, dann waren »Opposition« und Präsident bereit, mit den drei EU-Außenministern Steinmeier, Fabius und Sikorski und faktisch unter deren Kontrolle das Kompromiss-Papier zur Deeskalation und zur Überwindung der Staatskrise zu unterzeichnen. Am 20. Februar hatte mir der Präsident den Auftrag erteilt, den Termin am nächsten Tag vorzubereiten, mein Büro hat faktisch 24 Stunden gearbeitet, um Frieden auf dem Maidan und im Lande herzustellen, denn auch außerhalb Kiews herrschten inzwischen Unruhe und Gewalt.

Freitag, 16 Uhr wurde unterzeichnet – doch eine Stunde später stürmten die Maidan-Milizen die Regierungsgebäude. Ich erteilte Weisung, sie aus den Häusern zu drängen und die Mitarbeiter zu evakuieren. Gegen 18 Uhr besetzte der Mob – nicht das Volk! – das Parlament, gegen 19 Uhr den Sitz des Präsidenten. Es wurden Straßen blockiert und Schlüsselpositionen besetzt: Bahnhöfe, der Flughafen Boryspil, Banken, Polizeistationen, Post- und Telegrafenämter und so weiter. Das folgte eindeutig strategischen Überlegungen, die vorher fixiert worden sein mussten und nun präzise realisiert wurden. Das war eine durchgeplante militärische Operation, die nicht auf dem Maidan ausgeheckt worden war oder sich spontan entwickelt hatte.

Hätten wir mit militärischen Mitteln darauf reagieren sollen? Selbst wenn wir es zu diesem Zeitpunkt noch gekonnt hätten, wäre es unterblieben. Wir wollten kein weiteres Blutvergießen! Außerdem rechneten wir auf den besänftigenden Beistand der EU, denn sie hatte in Gestalt von drei Außenministern mit am Tisch gesessen. Dass von den Sprechern der »Opposition« Jazenjuk, Klitschko und Tjagnybok keine Hilfe zu erwarten war, wussten wir: Sie waren bereits auf dem Maidan dafür attackiert worden, sich mit der Macht überhaupt eingelassen zu haben. Sie galten den – inzwischen den Protest beherrschenden – radikalen nationalistischen Kräften als Verräter. Sie hatten auf dem Platz nichts mehr zu bestellen, die Regie führten andere.

Rechneten Sie ernsthaft auf Beistand von den Außenministern aus der EU?

In den Gesprächen mit ihnen hatte ich den Eindruck gewonnen, dass sie der Ukraine wirklich helfen wollten. Ihnen war bewusst, dass die EU in den vergangenen Monaten eine falsche Politik verfolgt hatte, nun korrigierten sie sich. Sie hatten begriffen, dass eine friedliche Lösung nur mit und nicht gegen den amtierenden Präsidenten gefunden werden musste. Ihre Position unterschied sich erkennbar von der der Amerikaner. Die wollten die alte Administration um jeden Preis weghaben und durch ihre Leute ersetzen, die EU hingegen setzte auf traditionelle Diplomatie.

Doch als der Präsident weg war, änderten auch die EU und die Außenminister ihre Haltung. Die Lage hatte sich ja geändert.

So kann man es sagen. – Ich war am 21. und 22. Februar ständig in der Nähe des Präsidenten. Wir sind in der Nacht gemeinsam nach Charkiw geflogen, um dort an einer Abgeordneten-Konferenz teilzunehmen. Janukowitsch hat ständig versucht, Außenminister Steinmeier zu erreichen, doch es meldete sich immer nur der Protokolldienst in Berlin. Kein Anschluss unter dieser Nummer …

Wer hat in jener Nacht den Rückzug der Sicherheitskräfte angeordnet beziehungsweise befohlen, sie zu entwaffnen? Der Präsident, Sie, der Innenminister?

Laut Gesetz war allein der Innenminister für die Miliz und die Sondereinheit Berkut zuständig. Da müssen Sie ihn fragen, weshalb selbst die Berkut-Leute in diesen kritischen Stunden unbewaffnet waren. Sie führten nur Schlagstöcke und Schilde mit sich. Es war absurd: Die Wachleute vor und in den Regierungsgebäuden sowie dem Parlament, ebenfalls Milizionäre, trugen Pistolen. Die unbewaffneten Berkut-Angehörigen nahmen ihnen die Waffen ab, um sich gegen die schießenden Maidan-Milizen zu verteidigen.

Wer waren denn nun die wirklichen Anführer des Putsches?
Klitschko, Jazenjuk, Tjagnybok? *(Er schüttelt leicht den Kopf)*
Ausländische Nachrichtendienste und sogenannte Fachleute für
»farbige Revolutionen«, die vornehmlich aus Georgien, dem Baltikum und aus Serbien kamen.

Fürchteten Sie um Ihr Leben?
Nur ein Dummkopf hätte in dieser Situation keine Angst gehabt. Natürlich hatte auch ich Angst, als ich als Letzter das Präsidialamt durch einen Hintereingang verließ. Das Auto, das ich benutzte, steht noch in der Garage. Mit 62 Einschusslöchern.

Sind Sie vorgewarnt worden?
Mich rief am 19. Februar ein ehemals hochrangiger ukrainischer Politiker an, wir kennen uns sehr gut. »Sag dem Präsidenten«, meinte er unaufgeregt, »die Operation Ceaușescu ist angelaufen.« Der rumänische Staats- und Parteichef und dessen Frau waren nach dem Umsturz in Bukarest am 25. Dezember 1989 erschossen worden.

War das der Grund, weshalb der Präsident versuchte, schnell Kiew zu verlassen?
Man kann nicht behaupten, dass er abgetaucht sei. Nachdem ich ihn über diesen Anruf informiert hatte, ging er weiter seinen Dienstgeschäften nach. Er unterzeichnete die Vereinbarung am 21. Februar, gab danach Interviews und dergleichen. Es trifft zu, dass sich – im Unterschied zu ihm – einige Verantwortliche schon vor dem bewaffneten Staatsstreich ins Ausland abgesetzt hatten. Das aber will ich hier nicht ausbreiten. Niemand wird als Held geboren.

Wahrlich nicht, darin waren ich mir mit Heiner Sylvester einig. Ich erinnere mich – das Erlebnis in der U-Bahn mit den hüpfenden Studenten im Hinterkopf – in diesem Zusammenhang einer

Episode, die sich vor den Ereignissen auf dem Maidan zutrug. Ich war in Boryspil gelandet, dem internationalen Flughafen vor den Toren Kiews. Er war vor der Fußball-EM erweitert und modernisiert worden, dennoch immer noch sehr bescheiden, so groß vielleicht wie Berlin-Schönefeld. Ich hatte die Einreisekontrolle passiert und befand mich bereits auf dem Weg zum Ausgang, als eine Frau in Uniform auf mich zutrat. Sie war sehr hübsch. Nun sind die meisten Ukrainerinnen hübsch, zumal wenn sie wie diese zwischen 25 und 30 Jahre alt sind, außerdem hebt so eine Uniform. Jedenfalls war ich schier geblendet von ihrem Aussehen und kam ihrem Wunsche gern nach und reichte ihr meinen Pass. Sie studierte aufmerksam das Dokument, blickte mich an und dann wieder in die Papiere, schließlich öffnete sie ihren hübschen Mund und zeigte mir ihre schneeweißen Zähne, die, aufgereiht wie eine Perlenkette und ohne jeden Makel, zwischen ihren roten Lippen hervorblitzten. »Sie sind Ukrainer?« Das war keine Frage, sondern eine Feststellung, die ich nur mit Kopfnicken bekräftigen konnte. »Hier steht, Sie heißen mit Vornamen Wladimir.« »So ist es.« »Sie müssen Wolodymyr heißen, wenn Sie Ukrainer sind.« »Meine Eltern haben mich Wladimir genannt, und so steht es auch in meiner Geburtsurkunde. Ich habe mich an diesen Namen gewöhnt und möchte nicht anders heißen. Mir gefällt dieser Name, seit ich ihn trage.« Die patriotische Beamtin schüttelte ihr hübsches Köpfchen. »Sie heißen Wolodymyr. Der Pass ist falsch. Folgen Sie mir.« Ich war sprachlos und tat, wie mir geheißen, ohne Pass, den sie wie eine Trophäe vor sich hertrug. Ohne ihn war ich ein Niemand, kein Wladimir und kein Wolodymyr. Dann verschwand sie in einem Büro, nachdem sie mich aufgefordert hatte, vor der Tür zu warten. Das tat ich. Eine Stunde, 90 Minuten ... Hin und wieder kam ein Uniformierter vorbei, musterte mich kritisch und ging dann stumm durch die Tür. Niemand kam heraus, schon gar nicht meine Schöne, die ich mit jeder Minute, die verrann, weniger schön fand. Offenkundig tagte hinter dieser Tür ein Konzil, patriotische Beamte redeten sich die Köpfe heiß, ob ein

Ukrainer den russischen Vornamen »Wladimir« statt der ukrainischen Variante »Wolodymyr« in einem amtlichen ukrainischen Dokument führen dürfe oder nicht. Aber sehr laut schienen sie nicht zu streiten, denn durch die Tür drang kein Ton. Oder wollten sie mich nur zermürben, damit ich mich einsichtig zeigen und kapitulieren würde wie schon unzählige Ukrainer vor mir, die ihre Namen inzwischen »ukrainisiert« hatten, wie man es von ihnen verlangte? Nach geschlagenen zwei Stunden öffnete sich die Tür und der Zerberus, die aufmerksame Wächterin über die ukrainische Sprache, trat heraus. Das Gesicht war ernst, unfreundlich, geradezu abweisend. Sie reichte mir wortlos meinen Pass. Ich ergriff ihn und fragte: »Und?« »Was: und?«, sagte sie. »Gehen Sie!« Das war ein Befehl. Die Ukraine war auf dem Weg, ein souveräner, eigenständiger Staat zu werden.

Die Ukraine – Opfer von Hasardeuren und Dilettanten

Ich kenne diesen Mann seit Jahren. Er wohnte in einem Dorf in meiner Heimat. Alleinerziehend, wie man in Deutschland sagt, lebte er mit seinem behinderten Kind zusammen, um das er sich rührend kümmerte, weshalb er keiner geregelten Arbeit nachging. Abgesehen davon, dass es nirgendwo eine geregelte Arbeit gab, der er hätte nachgehen können. Er existierte von Gelegenheitsarbeiten: reparierte Zäune, grub Gemüsegärten um, schnitt das Gras, flickte Leitern, hütete Kühe und so weiter. Daneben schrieb er wunderbare, einfühlsame Texte, er war ein Poet. Dadurch hatte ich ihn überhaupt kennengelernt. Wir korrespondierten miteinander, tauschten uns aus, sahen uns gelegentlich. Bisweilen nahm er Drogen, was man ihm aber nicht anmerkte. Ich hatte nicht den Eindruck, dass er dies aus Langeweile tat, sondern eher aus Betrübnis über seine Lage und die Perspektivlosigkeit, die sich seiner bemächtigt hatte. Er hatte nicht den Hauch einer Vorstellung, was aus sich, seinem Kind, was aus dem Land werden würde.

Als sich in Kiew der Protest auf dem Maidan formierte und sich überall in seiner Umgebung Zustimmung und Unterstützung regten, war er mit dem Herzen dabei. Er sah darin ein Signal des Aufbruchs, einen Ausbruch aus der Lethargie und Hoffnungslosigkeit. Er bestieg einen Bus, der ihn kostenfrei nach Kiew brachte. Busse dieser Art fuhren damals reichlich übers Land und sammelten Männer ein, um sie zum Maidan zu bringen. Und jeder bekam dort 100 Dollar, die auch er gern annahm, denn das Geld sicherte ihm und seinem Kind einige Monate die Existenz. Nach einigen Wochen kehrte er wieder in sein Dorf zurück. Ich traf ihn dort und fand einen völlig veränderten Menschen vor. Er wirkte verunsichert, verstört und war wenig mitteilsam. Sonst hatte er, wenn wir uns sahen, alle Wortschleusen geöffnet. Die Sätze strömten nur so aus ihm heraus, sein Redefluss war kaum zu stoppen. Doch jetzt: Schweigen. Er verlor kein Wort darüber, was er gesehen und gehört hatte, versagte sich jeglichen Kommentar. Ich insistierte auch nicht, weil Fragen ihn gewiss gequält hätten, was ich nicht vorhatte. Er quälte sich sichtbar bereits selbst. Irgendwann brach es aus ihm heraus. Er kenne seinen Körper ziemlich genau, hob er an. Wenn er mal nicht betäubendes Gift genommen habe, schmerzten die Glieder und die Gelenke, er fühle sich dann hundeelend und sterbenskrank. Eigentlich hätte es ihm auf dem Maidan sehr gut gehen müssen. Und auch jetzt, wenn ich verstünde, was er meine. Ich verstand. »Doch mir tun trotzdem alle Knochen weh. Das, was ich gesehen habe, war ungesund und macht mich krank.« Das Hochgefühl von einst war verflogen. Die Gegenwart machte ihn krank.

Der Mann, den Heiner Sylvester und ich in Moskau zum Interview trafen, schien allem Anschein nach Probleme dieser Art nicht zu kennen. Ein kräftiger Mann mit Bart nahm vor meiner Kamera Platz. Sergej G. Arbusow wurde 1976 in Donezk geboren, er studierte an der dortigen Universität Ökonomie und war danach bei Privatbanken beschäftigt. 2005 schloss er sich der Partei des amtierenden Präsidenten Juschtschenko an. Dessen Nachfolger Janukowitsch berief Arbusow 2010 zum Präsidenten der Nationalbank; der damals 34-Jährige war der jüngste Chef einer Zentralbank in ganz Europa. 2012 wurde er Erster Stellvertreter des Premierministers Asarow. Nach dessen erzwungenem Rücktritt am 28. Januar 2014 übernahm Arbusow dessen Funktion kommissarisch bis zum Sturz von Präsident Janukowitsch, als dessen Vertrauter er galt.

Herr Arbusow, Sie waren beim denkwürdigen EU-Gipfel am 28./29. November 2013 in Vilnius dabei. In welcher Eigenschaft?

Ich leitete in meiner Funktion als Vize-Premier die Delegation der Ukraine, bereitete die Gespräche und Dokumente vor. Als dann Präsident Janukowitsch in Vilnius eintraf, übernahm selbstverständlich er die Leitung der Delegation und die Gesprächsführung.

Der Vilnius Summit, wie das Treffen genannt wird, war Element der sogenannten EU-Nachbarschaftspolitik. Die Initiative dafür war 2008 vom polnischen Außenminister Sikorski ausgegangen, der »östliche Partnerschaften« knüpfen wollte, um »die notwendigen Voraussetzungen für die Beschleunigung der politischen Assoziierung und der weiteren wirtschaftlichen Integration zwischen der Europäischen Union und interessierten Partnerländern zu schaffen«, wie es offiziell hieß. Im Blick hatte Brüssel dabei die sechs ehemaligen Sowjetrepubliken Armenien, Aserbaidschan, Belarus, Georgien, Moldawien und die Ukraine. Es fanden dazu im Jahrestakt Treffen statt, in Vilnius – Litauen hatte damals die EU-Präsidentschaft inne – sollte nunmehr ein in mehrjährigen Verhandlungen zwischen der EU und den beteiligten Ländern erarbeitetes Assoziierungsabkommen unterzeichnet werden. Es signierten schließlich Georgien und Moldawien, mit Aserbaidschan kam lediglich ein Abkommen über ein vereinfachtes Visaverfahren heraus. Aber nur die Verweigerung Kiews löste im Westen helle Empörung aus. Warum? Was war auf diesem Treffen geschehen? Es heißt, Präsident Janukowitsch habe sehr angespannt und nervös gewirkt.

In Vilnius herrschte bereits Hysterie, als ich einen Tag vor dem Gipfel eintraf. Ich wurde im und vorm Hotel von verschiedener Seite gefragt und von Journalisten bestürmt, ob der Präsident das Abkommen unterzeichnen werde oder nicht. Dazu muss man wissen, dass wir immer wieder in den Wochen zuvor zu verstehen gegeben hatten, dass noch zu viele Probleme für uns ungeklärt seien, vor allem die komplexen wirtschaftlichen Beziehungen der

Ukraine mit unserem Nachbarn im Osten. Das war wohl auch einigen Politikern im Westen bewusst. Die deutsche Kanzlerin Merkel beispielsweise hatte am 18. November in Berlin erklärt, dass die Voraussetzungen für eine Vertragsunterzeichnung mit der Ukraine nicht gegeben seien.[1] Nichts anderes hatte auch unser Premierminister Asarow zeitgleich signalisiert. Er hatte am 21. November im Parlament gesagt, dass die Ukraine nicht unterzeichnen werde, nicht jetzt und nicht in dieser Form. Daraufhin hatten Studenten auf dem Maidan ihre Protestaktion begonnen.[2] Ich war am Vortag des Gipfeltreffens dennoch der Auffassung, dass der Präsident unterzeichnen würde, wenn ein bestimmtes Ereignis eintreten würde.

Was für ein »Ereignis«?

Dass dreiseitige Verhandlungen zwischen der EU, der Ukraine und Russland vereinbart würden. In meinen vielen Gesprächen zur Vorbereitung des Gipfels war nicht nur klar geworden, dass es Handlungsbedarf gab – unsere Partner auf EU-Seite waren auch bereit dazu, gemeinsam mit Russland und der Ukraine einvernehmliche Lösungen zu finden. Allerdings war davon in Vilnius keine Rede mehr. Da hieß es nur noch: Entweder ihr akzeptiert die fixierten Konditionen oder nicht, es existiert kein Raum für Kompromisse. Dabei war unsere Haltung bekannt: Eine Zustimmung um jeden Preis wird es nicht geben! Das habe ich auch so kommuniziert.

Womit begründete die EU die Verweigerung dreiseitiger Gespräche mit Russland?

Schwer zu sagen, es ist einfach so passiert. Ich nahm an dem Gespräch zwischen Kanzlerin Merkel und Präsident Janukowitsch teil. Da spürte man schon an der Atmosphäre, an der Stimmung, dass mit den Russen nicht verhandelt werden würde. Diese Haltung fand dann ihren Niederschlag in der Rede des Präsidenten am nächsten Tag.

Kann man sagen, dass es sich um Erpressung oder Nötigung handelte?

Uns wurde immer gesagt, wir seien ein souveräner Staat und könnten darum frei entscheiden. Natürlich konnten wir das, und wir taten es ja auch. Aber das war nicht der Punkt. Ich habe meinen Gesprächspartnern das Problem versucht zu erklären. Was wird aus der ukrainischen Wirtschaft, wenn wir das Abkommen ohne Klärung der ökonomischen Beziehungen zu Russland unterzeichnen? Ich machte darauf aufmerksam, dass es sich bei der EU und bei Russland um zwei verschiedene Märkte mit sehr unterschiedlichen Standards handelt, dass wir traditionelle Verpflichtungen und langfristige Abkommen mit Russland haben. Den Russen waren diese Probleme ebenso bewusst, weshalb sie gleich uns an solchen dreiseitigen Gesprächen interessiert waren. Doch die EU ging darauf nicht ein. Sowohl von deutscher als auch von polnischer Seite bekam ich Empfehlungen, dem Assoziierungsabkommen zuzustimmen. Ob man das nun Nötigung nennen kann? Als Druck empfand ich es auf jeden Fall – sie wollten uns ihre Haltung, ihre Sicht verständlich machen, ohne zu akzeptieren, dass man alles auch aus einer anderen Perspektive sehen konnte und musste.

Aber weshalb hat man Sie bedrängt? Die Unterschrift musste doch der Präsident leisten – oder verweigern.

Das ist richtig. Aber man wusste natürlich, dass ich Zugang zu ihm hatte und hoffte mit meiner Hilfe ihn zu überzeugen. Das konnte und wollte ich nicht, denn mir war bekannt, dass der Präsident meine Bedenken teilte. Oder richtiger formuliert: Ich hatte den Eindruck, ihn bedrückte die Vorstellung, dass die wirtschaftliche Verbindung zu Russland, die seit Jahrzehnten bestand und real war, gegen Versprechungen und Risiken eingetauscht werden sollten. Was wir hatten, wussten wir – was wir bekommen würden hingegen nicht. Es ging der EU doch um alles oder nichts. Der Präsident erwartete von mir einen Entscheidungsvorschlag.

Und ich empfahl: ohne Dreiergespräche, ohne klare Regelung keine Unterschrift. Und da nichts geregelt war, stimmten wir dem Assoziierungsabkommen mit der EU nicht zu. Man muss doch wissen, dass etwa 40 Prozent unseres Warenumsatzes mit der GUS-Freihandelszone erfolgte und 30 Prozent mit der EU. Allein die wirtschaftliche Vernunft untersagte es, uns entweder nur für das eine oder nur für das andere zu entscheiden. Deshalb schien uns die beste Lösung, die Unterzeichnung des Assoziierungsabkommens mit der EU solange zu vertagen, bis alle Fragen geregelt und Differenzen ausgeräumt seien. Das genau hat die EU-Spitze übrigens auch getan – allerdings erst ein Jahr nach dem Staatsstreich.

Aber die Ukraine war auf Hilfe von außen angewiesen, brauchte Geld zur Schuldentilgung und für Importe. Hatte man sich mit der Verweigerung nicht um eine Chance gebracht?

Wir waren damals alle sehr nervös. Natürlich befand sich das Land in wirtschaftlichen Turbulenzen, es gab einen erhöhten Finanzbedarf, aber es drohte keineswegs der Staatsbankrott, wie später immer behauptet wurde, weil wir den Rettungsring EU nicht angenommen hätten. Wir hatten genau analysiert, was geschah, wenn ein Staat sich der EU anschloss oder ihr nähertrat. Es gab positive Erfahrungen, aber eben auch negative. Vor allem bezüglich der Nachhaltigkeit von Hilfen. Am Anfang floss immer sehr viel Geld, doch wenn die Erwartungen sich nicht erfüllten, lief alles nur noch auf Sparflamme weiter. Die Ukraine war, sah man einmal vom industrialisierten Osten ab, ein riesiges Agrarland. In der Ukraine wurden 32 Millionen Hektar bewirtschaftet, das war fast doppelt so viel landwirtschaftliche Nutzfläche wie in Deutschland. Doch wir brachten nur 70 Prozent von dem ein, was die Deutschen auf der halben Fläche ernteten. Uns machte dabei nicht nur die Ineffizienz zu schaffen, sondern auch die fortschreitende Bodenerosion. Aufgrund dieser Versteppung hatte die Ukraine bereits ein Achtel ihrer landwirtschaftlichen Nutzfläche verloren. Was für ein gigantisches ökologisches Problem – das war selbst für die EU nicht zu stemmen. Und dabei handelte es sich nur um ein Problem ...

Wir konnten und mussten die ukrainischen Probleme selbst lösen und nicht auf ein Wunder von außen warten. Der Regierungskurs von Asarow, den wir seit 2010 steuerten, zeigte Fortschritte. Es entwickelte sich langsam, die Reformen zeigten Wirkung. Ich sah keinen Grund, diese Linie zu verlassen. Wir taten in Vilnius also genau das, was sie von uns verlangten: souverän zu entscheiden.

Aber Geld brauchte die Ukraine dennoch dringend.

Russland half uns im Rahmen einer Kreditlinie, die erste Tranche waren drei Milliarden Dollar. Das war keine Bestechung oder eine Art Prämie für unsere Verweigerung, wie es im Westen behauptet wurde. Unser Finanzminister verhandelte schon vorher mit verschiedenen Staaten, darunter auch mit den USA, die Dokumente gingen über meinen Tisch. Die Märkte reagierten auf den russischen Kredit positiv. Er erhöhte objektiv unsere Bonität. Wir standen weder hilflos da noch in russischer Abhängigkeit. Präsident Janukowitsch war Anfang Dezember 2013 in China, der Premierminister reiste nach Vietnam, Brasilien, Südkorea, sprach mit EU-Parlamentschef Martin Schulz in Brüssel und mit der IWF-Direktorin Christine Lagarde, ich führte Gespräche in Bejing. Dort bekamen wir ebenfalls Kredite zu günstigen Konditionen.

Nach dem Rücktritt von Premierminister Asarow am 28. Januar 2014 amtierten Sie als Regierungschef. Wie beurteilten Sie die Lage?

Noch während des Gipfels in Vilnius mit dem bekannten Resultat organisierte daheim die »Opposition« den Protest. Sie suggerierte der Bevölkerung nicht nur, dass die Führung das Land, sie, aus dem Paradies vertrieben und an Moskau gekettet habe – sie sicherte zu, dass sie, wenn sie an die Macht käme, sofort das Assoziierungsabkommen mit der EU unterzeichnen würde, was der Ukraine umgehend Wohlstand und Wachstum bringen werde. Die Menschen auf dem Maidan und im Lande besaßen keine hinlänglichen Informationen, warum von uns so entschieden worden war. Es war die Stunde der Demagogen und Lügner. Und als die Regierung aufklären wollte, war es bereits zu spät. Ich übernahm in einer sehr schwierigen Phase das Amt von Herrn Asarow. Der Umsturz war bereits angelaufen, was uns aber so nicht bewusst war. Die »Opposition« handelte immer aggressiver und entschlossener, Regierungs- und Verwaltungsgebäude waren bereits besetzt oder wurden blockiert, der Staat konnte nur noch eingeschränkt handeln.

Waren das nicht alles Rechtsbrüche insofern, als fortgesetzt gegen die staatliche Ordnung, gegen die Gesetze des Landes und die gültige Verfassung verstoßen wurde? Was unternahm der Präsident, was unternahmen Sie als kommissarischer Premierminister, um dieser »Opposition« klarzumachen, dass sie fortgesetzt Grenzen überschritt und dem Land objektiv schadete?

Meine Aufgabe bestand – in Absprache mit dem Herrn Präsidenten – darin, für politische, wirtschaftliche und finanztechnische Stabilität zu sorgen. Trotz der Proteste sicherten wir beispielsweise, dass Gehälter und Renten gezahlt wurden. Natürlich habe ich mich mit Herrn Janukowitsch auch über die Protestaktionen verständigt, und wir waren uns einig, dass hier rote Linien überschritten wurden. Besorgniserregend war vor allem, dass sich die Proteste und Gegenproteste nicht nur auf die Hauptstadt beschränkten, sondern inzwischen das ganze Land erfassten. Überall wurden staatliche Einrichtungen besetzt, Milizstationen und deren Waffenkammern geplündert, Zivilisten maßten sich Regierungsaufgaben an und spielten bereits lokale Staatsmacht.

Wie kam es zu der Vereinbarung mit den drei Außenministern, den drei Sprechern der Opposition und dem Präsidenten am 21. Februar?

Für dieses Treffen wurde eine spezielle Arbeitsgruppe geschaffen, der ich nicht angehörte, weil ich in dieser angespannten

Lage genug Arbeit in der Regierung hatte. Präsident Janukowitsch wollte um jeden Preis die Situation entschärfen, seine
Linie war die Vermeidung jedes weiteren Blutvergießens. Deshalb verhandelte er mit der »Opposition« und den drei westlichen
Außenministern, die allein durch ihre Verhandlungsbereitschaft
signalisierten, dass ihre bisherige Politik des Alles-oder-Nichts
inzwischen auch aus ihrer Sicht ein Fehler war. Das sollte nun
durch diese Vermittlungsgespräche korrigiert werden. Janukowitsch war zu weitgehenden Zugeständnissen bereit, etwa die
Regierung zu entlassen und die Präsidentschaftswahlen vorzuzie-
hen. Das waren eigentlich sehr weiche Maßnahmen. Wir hätten
konsequenter und wesentlich früher handeln müssen, um eventuell das zu verhindern, was dann am 22./23. Februar eintreten
sollte. Aber das hatten wir versäumt, der Punkt war überschritten.

*Wie haben Sie die am 21. Februar geschlossene Vereinbarung über
die Beilegung der Krise in der Ukraine persönlich empfunden?*
Ich habe sie begrüßt. Die Spannungen in der Gesellschaft waren sehr stark in dieser Zeit, und es schien mir ein vernünftiger
Versuch, den Konflikt beizulegen. Allerdings war ich schon damals kein Freund der »Opposition«. Sie hatte sich dem Westen an-
gedient, machte bereits Versprechungen, die sich gegen nationale
Interessen richteten. Diese Leute strebten keine gesellschaftlichen
Verbesserungen, sondern einen Machtwechsel an. Sie wollten an
die Fleischtöpfe und die, die dort bisher saßen, von dort ver-
drängen.

Was passierte in der Nacht nach dem Vertragsschluss?
Ich war in den Geschäftsräumen der Regierung und vernahm
Kampflärm vor den Bürofenstern. Die Behauptung, dass wir die
Polizei- und Wacheinheiten entwaffnet oder von den Regierungsgebäuden zurückgezogen hätten, um der »Opposition« freie Hand
zu lassen, ist unzutreffend. Dafür wurden keine Weisungen erteilt oder Befehle erlassen. Nach meinem Eindruck zogen sie sich

selbst zurück. Die Milizionäre trugen keine Waffen und wollten sich nicht den bewaffneten und aggressiven Maidan-Milizen entgegenstellen. Aufpeitschende Sprüche wie »Schnappt euch die Gewehre, bekämpft die Russensäue, die Deutschen, die Judenschweine und andere Verbrecher«, die dem Sprecher der »Opposition« Tjagnybok zugeschrieben wurden, ermutigten unsere Milizionäre nicht unbedingt zum Verbleib auf ihrem Posten.

Der Präsident verließ nach Aussage von Kljujew noch am Abend des 21. Februars Kiew in Richtung Charkiw, wo er am nächsten Tag, so Zeitungsberichte, angeblich mit Gouverneur Dobkin verabredet war, einen Betrieb besichtigen und an einer Zusammenkunft der Partei der Regionen teilnehmen wollte. Am Morgen des 22. Februar, so meldeten die Medien, stürmte die »Opposition« sowohl die Amtsräume des Präsidenten als auch dessen Privatresidenz. Die Werchowna Rada erklärte am 23. Februar den Präsidenten für abgesetzt, 328 Abgeordnete hatten dafür gestimmt, das waren fast 73 Prozent des Parlaments. Hat Präsident Janukowitsch Sie vor seiner Abreise über seine Pläne unterrichtet?

Nein, er hat mich nicht über seine Absichten informiert, ich wusste lediglich, dass er am Tag nach der Vertragsunterzeichnung in Charkiw politische Termine wahrnehmen wollte. Nach dem 21. Februar hatten wir keinen Kontakt mehr. Ich kenne aus dem Fernsehen seine Reaktion auf die Absetzung. Er akzeptierte diese Entscheidung nicht und nannte das Votum einen Verfassungsbruch. Artikel 108 der Verfassung kannte nur vier Gründe für das Ende einer Präsidentschaft: Tod oder Rücktritt, Krankheit oder ein Impeachment-Verfahren. Eine Amtsenthebung kam nur bei Hochverrat und vergleichbar schweren Verbrechen in Frage, dazu aber musste das Parlament eine entsprechende Prüfung vornehmen – ein solches Verfahren hatte es aber zu keiner Zeit gegeben. Alle anderen Gründe lagen auch nicht vor. Der vom Parlament genannte Grund, dass Herr Janukowitsch durch Flucht und Verlassen des Landes seine Präsidentschaft verwirkt habe, existierte in der Verfassung nicht als Absetzungsgrund. Seine Absetzung, da hatte der Präsident also völlig recht, war illegal und stellte selbst einen Verfassungsbruch dar. Die EU jedoch erklärte am 24. Februar, man erkenne die Entscheidung des ukrainischen Parlaments an. Es handele sich um eine innerstaatliche Entscheidung, zumal auch das Innenministerium, der SBU und die Armee bereits am 22. Februar die Fronten gewechselt hatten. In Erklärungen hatten sich diese »auf die Seite des Volkes« gestellt und den legitimen Institutionen des Staates die Gefolgschaft aufgekündigt. Damit war der Staatsstreich erfolgreich vollzogen.

Kannten Sie den neuen Präsidenten Poroschenko?

Selbstverständlich. Ich besuchte beispielsweise Brüssel als Stellvertretender Ministerpräsident der Ukraine wiederholt mit Regierungsdelegationen, der sehr unterschiedliche Personen angehörten, darunter Unternehmer wie der »Schokoladenkönig« Poroschenko. Er gehörte 2012 dem Asarow-Kabinett als Wirtschaftsminister an, 2013 aber ging er auf Konfrontationskurs zu Präsident Janukowitsch – ich unterstelle: mit der Absicht, ihn zu beerben. Ich hatte, als er Wirtschaftsminister war, als Chef der Nationalbank gut mit ihm zusammengearbeitet, er gehörte unserem Aufsichtsrat an, nie vernahm ich auch nur ein kritisches oder gar böses Wort von ihm über Janukowitsch. Auch bei damaligen Gesprächen in Brüssel zeigte er sich nicht unbedingt als Oppositioneller.

Wie sah für Sie der letzte Arbeitstag in der Regierung aus?

Ich fühlte mich nicht bedroht. Allerdings erhielt ich am 21. Februar Mitteilung, dass sich auf der Etage, in der sich unsere private Wohnung befand, bewaffnete Männer aufhielten. Ich entschloss mich, meine Familie zu evakuieren, was meine eigenen Sicherheitsleute für riskant hielten. Wir flogen dann unbehelligt nach Moskau. Eine Rückkehr in die Ukraine ist mir nicht möglich.

Was für grundsätzliche Dinge müssten sich in der Ukraine ändern,
damit wieder ein normales gesellschaftliches Leben einkehren kann?

Leider haben sich alle düsteren Prognosen von 2014 erfüllt.
Das Land wird von einem Bürgerkrieg ausgezehrt, die Wirtschaft
liegt am Boden, die Korruption marschiert, das Bild der Ukraine
im Ausland ist verheerend. Ich fürchte, dass sich der Niedergang
fortsetzt. Was also müsste geschehen? Zunächst und vor allem die
Beendigung des Krieges. Sodann brauchen wir wieder Fachleute
an der Spitze des Staates und ein neues Parlament. Wir brauchen
also politische Rahmenbedingungen, um das Land zu retten. Ich
sage es ausdrücklich: Es geht um die Rettung der Ukraine, die bei
einem Staatsstreich die Beute von Hasardeuren und Dilettanten
geworden ist.

Wie würden Sie Ihre Zeit in der ukrainischen Regierung einschließ-
lich der wenigen Wochen, als sie als Premierminister amtierten,
beurteilen? Sind Sie mit sich im Reinen?

Ich habe Fehler gemacht, war nicht frei von Irrtümern und
Fehleinschätzungen, aber ich kann von mir behaupten: An meinen Händen klebt kein Blut! Ich brach weder die Gesetze der
Ukraine noch habe ich, wie manch anderer, das Land als Selbst-
bedienungsladen betrachtet, in dem man sich bereichert, so lange
man ein Amt hat. Ich habe jedes politische Mandat, das ich ausübte, immer als gesellschaftlichen Auftrag begriffen, und wenn
damit Macht und Einfluss verbunden waren, so handelte es sich
stets um Macht auf Zeit. Diese wurde einem vom Souverän, dem
Volk, verliehen. Und darum hat das Volk jedes Recht der Welt,
darüber von seinen »Mächtigen« Rechenschaft zu fordern, wie sie
mit dieser Macht umgegangen sind. Deshalb finde ich es legitim,
wenn nach diesem Machtwechsel in Kiew Menschen darauf drängen, von unabhängigen Richtern feststellen zu lassen, ob es sich
um einen Staatsstreich oder um einen regulären, demokratischen
Übergang gehandelt hat, wie dieser Machtwechsel sich vollzog,
wer in welcher Weise daran beteiligt war und ob dies im Einklang

mit der Verfassung und den geltenden Gesetzen erfolgte. Natürlich wird durch die Feststellung des Gerichts die Geschichte nicht geändert, wohl aber unter Umständen die Geschichtsschreibung. Die sollten nämlich nicht die zeitweiligen Sieger schreiben, denn die schreiben von Natur aus sehr subjektiv und zu ihren Gunsten. Ein unabhängiges Gericht verspricht da mehr Objektivität.

Ein Gefühl von Angst

Am 2. Mai 2017 flog ich mit Heiner Sylvester nach Odessa. Es waren noch andere Deutsche mit uns, die sich des Massakers vor drei Jahren erinnerten und der Opfer gedenken wollten. Ein halbes Dutzend Personen, die unverdächtig waren, irgendeiner politischen Partei oder Strömung zuzuneigen. Wir wollten in Odessa mit Zeugen sprechen und mehr erfahren, als uns die Medien in Deutschland mitgeteilt hatten.

Ich bin Mitte 40 und habe schon vieles gesehen und gehört, aber das, was uns vor Ort über die Ereignisse im Jahr 2014 vermittelt wurde, machte mich dann doch sprachlos. Ich konnte nicht mehr übersetzen. Es hatte damals, am 2. Mai 2014, eine fünfstündige Straßenschlacht gegeben, bei der etwa 50 Menschen starben. Eine Zeugin berichtete, dass Menschen aus dem brennenden Gewerkschaftshaus sprangen und mit gebrochenen Gliedern weiterkrochen, um sich in Sicherheit zu bringen, doch der rechte Mob trat auch auf die Wehrlosen und ließ die Knüppel kreisen. Das war nackte Barbarei. Einer, der über die Feuerleiter vor den Flammen flüchtete, wurde mit Steinen und Baseballschlägern zurückgetrieben. Polizisten, die Sicherheitskorridore eingerichtet hatten, warfen schützend ihre Jacken über Gerettete, damit diese auf dem Weg zum Krankenwagen nicht attackiert wurden. Am Ende jenes 2. Mai 2014 wussten alle in Odessa, der ukrainischen Stadt, die sich sonst tolerant und weltoffen gab – in der Hafenstadt leben Menschen aus mehr als 100 Nationen –, dass die Sache völlig aus dem Ruder gelaufen war. Die Offiziellen machten sich ans Vertuschen.

In Kiew hatte es zwei Monate zuvor den Machtwechsel gegeben, im Schoße des Widerstandes gegen das Janukowitsch-Regime waren der *Rechte Sektor* und andere aggressive nationalistische und faschistische Organisationen entstanden, die ihr eigenes Süppchen kochten. Immer unter der Losung »Pro Maidan«. Die Ukraine versank noch tiefer in Chaos und Korruption. Dagegen formierte sich allerorten Widerstand, auch in Odessa. »Wir wollen hier keinen Maidan«, sagten viele Leute, »wir wollen Ruhe und Ordnung in der Stadt«, und ihre Haltung bekam das Etikett »Anti-Maidan« verpasst. Und natürlich »pro-russisch«, weil sie gegen Kiew opponierten. Wer nicht kritiklos Kiew folgte (und folgt), gilt als Moskaus fünfte Kolonne. Dabei haben die meisten Menschen, wie ich in unzähligen Gesprächen vor Ort erfuhr, mit Putin und Russland wenig am Hut. Sie interessieren sich für Odessa, für Recht und Gesetz.

Die Auseinandersetzungen damals hatten auf der Uliza Gretscheskaja, der Griechischen Straße, begonnen. »Tschernomorez Odessa« sollte gegen »Metalist Charkiw« spielen. Das nahmen Fußballfans zum Anlass, einen Marsch »Für die Einheit der Ukraine« zu organisieren. Im Zug waren auch organisierte Hooligans, Nationalisten und andere Sturmtrupps – diesen Begriff hörte ich wiederholt in Odessa und das klang immer wie SS und SA. Sie zogen, ausgerüstet mit Schilden, Helmen, Knüppeln und Schusswaffen, durch die Stadt, in der sie nicht lebten. Sie waren mit Bahn und Bussen nach Odessa gekommen. Die Polizei hätte sie aufhalten können – wenn sie denn präsent gewesen wäre. Die hatte man jedoch im Fußballstadion zusammengezogen. In der Griechischen Straße stellten sich etwa 200 mutige Menschen dem rechten Mob in den Weg. Es kam zu einer blutigen Straßenschlacht. Später zogen die »Patrioten« zum Kulikowo Pole, dem Platz vor dem Gewerkschaftshaus, wo der »Anti-Maidan« seit Wochen ein Protest-Camp unterhielt. Die »Anti-Maidan«-Kräfte flüchteten ins Gewerkschaftshaus, das dann, wie zuvor die Zelte, von den »Pro-Maidan«-Kräften angesteckt wurde wie weiland der Reichstag in Berlin oder das Sonnenblumenhaus in Rostock-Lichtenhagen vor 25 Jahren. Bis dahin hatte die Odessaer Polizei nicht eingegriffen, sie ließ alles laufen.

Bis heute ist niemand zur Verantwortung gezogen worden, obwohl es sehr viele Bilder und Videoaufnahmen gibt, mit denen die Täter hätten identifiziert werden können, hat man sie nicht gefasst. Selbst der Mann, der den Molotow-Cocktail ins Gewerkschaftshaus warf und es in Brand setzte, ist bekannt. Und unverändert auf freiem Fuß. In Odessa sprach ich mit Zeugen, Menschenrechtlern und Rechtsanwälten. Ich spürte sowohl Angst wie auch Entschlossenheit, Gerechtigkeit nicht nur einzufordern, sondern auch zu erlangen. Auf beiden Seiten – sowohl im Lager des »Anti-Maidan« wie des »Pro-Maidan« – räumt man inzwischen ein, damals Fehler gemacht zu haben. Doch erkennbar ist auch die allgegenwärtige Furcht, Opfer eines schwachen Staates zu werden, in dem die Polizei wegschaut, wenn eine Seite das Gewaltmonopol bricht, und ferner demokratische Freiheiten eingeschränkt oder eben nur einer Seite zugestanden werden. Die Mechanismen der Einschüchterung funktionieren. Ich erlebte am 2. Mai 2017 einen Vertreter des modernisierten Faschismus, der – mit Berufung auf seine bürgerlichen Rechte – unbehindert von der Polizei auf dem Kulikow-Platz Nazipropaganda machen durfte, während gleichzeitig Frauen abgeführt wurden, die schwarze Ballons in den Himmel steigen lassen wollten. Das sei politische Propaganda, hieß es, und diese am Ort der Trauer unzulässig.

Und die Justiz? Ihre Mühlen mahlen nicht nur langsam, sondern mitunter gar nicht. Beweismittel verschwinden, Zeugen sind nicht auffindbar, Verfahren werden verzögert, Unschuldige sitzen in U-Haft. Das hat Methode. Denn solange nicht die nationalen Rechtsmittel ausgeschöpft sind, kann auch nicht der Europäische Gerichtshof eingeschaltet werden. Bei unserem Gang durch die Stadt an diesem Tag im Mai 2017 wurde unsere Gruppe fortgesetzt demonstrativ observiert. Aus der Distanz wurden wir mit

Teleobjektiven fotografiert, später kam man näher. In der Nähe fuhr ein schwarzer Wagen, und zwei Frauen fotografierten uns wiederholt an verschiedenen Orten mit ihrem Handy ziemlich dreist. Das Signal war eindeutig: Wir sollten wissen, dass man uns im Blick hat. Wer aber waren sie, in wessen Auftrag fotografierten sie uns? Wir nahmen die Sache dennoch heiter und meinten, sie sollten unsere Köpfe nicht auf Facebook oder Instagram veröffentlichen, weil wir nicht beim Friseur gewesen seien, das mache keinen guten Eindruck. Unsere fünf einheimischen Begleiter nahmen das nicht so gelassen, nach und nach verabschiedeten sich drei von uns. Die beiden anderen aber ließen sich nicht einschüchtern.

Mein Freund Saadi Isakow, wie ich in Berlin lebend, war 2016 aus dem gleichen Anlass nach Odessa geflogen, kam aber nur bis zum Flughafen. Dort hielt man ihn 18 Stunden fest, dann wurde er nach Deutschland zurückgeschickt – mit einem fünfjährigen Einreiseverbot in die Ukraine. In seinen deutschen Pass hatte man einen roten Stempel gedrückt. Wir vermuten, dass sein Interview mit Oleg Muzyka, einem Überlebenden des Brandes in Odessa, welches in einer jüdischen Zeitschrift erschienen war, Kiew missfallen hatte und er daher auf einer Liste stand. Wie auch weitere Kollegen.

Sie waren nicht die Einzigen, die ein Einreiseverbot erhielten. Vier Tage später, am 6. Mai, meldete der britische *Guardian*, Kiew habe den US-Schauspieler Steven Seagal als Gefahr für die nationale Sicherheit eingestuft, er dürfe fünf Jahre nicht mehr in das Land einreisen. Die »nationale Sicherheit« der Ukraine war vermutlich dadurch bedroht worden, dass Seagal wiederholt die Politik Russlands verteidigt und im November 2016 die russische Staatsbürgerschaft erhalten hatte (überdies aus den Händen von Präsident Putin). Wie die russische Sängerin Julia Samoilowa war der Action-Star Seagal im Sommer 2014 auf der Krim aufgetreten. Samoilowa war deshalb von der Ukraine für den Eurovision Song Contest ausgeschlossen worden, und russische Journalisten, die aus Kiew vom ESC im Mai berichten wollten, bekamen ebenfalls Einreiseverbot.

Die ukrainischen Sicherheitsbehörden waren um den 2. Mai 2017 insgesamt sehr engagiert. So nahm die Staatsanwaltschaft am Tag unseres Aufenthaltes in Odessa 30 Hausdurchsuchungen vor, bei einem Bekannten von mir bereits zum dritten Mal – und zwar jedes Mal mit der gleichen Begründung (die Kopie des Papiers besitze ich): Er sei an Auseinandersetzungen am 2. Mai 2014 beteiligt gewesen, und die Staatsanwaltschaft führe »vorgerichtliche Untersuchungen« durch. Dazu kam die schon erwähnte Ingewahrsamnahme von Frauen, die auf dem Platz vor dem Gewerkschaftshaus der Opfer von 2014 gedenken wollten. Und schließlich, sobald sich der Kulikow-Platz gefüllt hatte, hieß es, dass es eine Bombendrohung gegeben habe. Dann wurde geräumt, doch nirgendwo sah man die Polizei nach einer Bombe suchen. Nach einer Weile konnte man wieder auf den Platz. Das geschah insgesamt dreimal an jenem Tag im Abstand von etwa zwei Stunden. Es war im Vorfeld auch verboten worden, eine Bühne zu errichten oder auch nur eine Lautsprecheranlage zu installieren. Kurz: Jede Erinnerung sollte unterbunden werden und jene, die frei ihre Meinung bekunden wollten, versuchte man einzuschüchtern. Man kann es auch direkter formulieren: Immer mehr bürgerliche Freiheiten wurden abgebaut, der polizeiliche Überwachungsstaat marschierte. Dafür waren die Menschen gewiss nicht auf den Maidan gezogen, damals, im November 2013.

Ich reiste zu einem Gespräch mit dem ehemaligen ukrainischen Premier Nikolai Asarow nach Moskau. Der Ex-Regierungschef und Heiner Sylvester, der mich begleitete, befanden sich fast im gleichen Alter. Asarow war 1947 als Nikolai Pahlo in Kaluga geboren worden, sein Vater war Este, seine Mutter Russin. Er nahm den Namen seiner Frau an. Nach dem Geologie-Studium in Moskau arbeitete er im Bergbau, zog 1984 in die Ukraine und war unter anderem als Direktor eines Geologie- und Bergbauinstituts in Donezk tätig. 1986 erlangte Asarow den Doktortitel für Geologie und Mineralogie und 1991 den Professorentitel. 1997 wurde er Mitglied der Ukrainischen Akademie der Wissenschaften. 1994 zog Asarow erstmals in die Rada ein. Am 26. November 2002 wurde Nikolai Asarow Erster Stellvertretender Ministerpräsident und Finanzminister in der Regierung Janukowitsch und 2010 vom nunmehrigen Präsidenten Janukowitsch mit der Regierungsbildung beauftragt. Bis zu seinem Rücktritt am 28. Januar 2014 war Asarow Premierminister. Im Moskauer Exil gründete er mit anderen vertriebenen Politikern 2015 das »Komitee zur Rettung der Ukraine«.

Herr Asarow, gab es bereits vor dem Maidan Konflikte in der ukrainischen Gesellschaft?

Nein. Das Land befand sich im Aufwind, es entwickelte sich normal, innenpolitisch herrschte Frieden. Die Regierung führte Gespräche mit der eurasischen Zollunion, mit der EU, mit China und anderen ökonomisch potenten Staaten, um die wirtschaftliche Entwicklung unseres Landes abzusichern. Der Sicherheitsdienst informierte uns zwar, dass es insbesondere im Westen der Ukraine Vorbereitungen auf eine Konfrontation mit der Staatsmacht gebe, dass im Geheimen bewaffnete Milizen trainierten, auch im Ausland, etwa in Polen und in den baltischen Republiken. Aber wir maßen diesen Hinweisen keine große Bedeutung zu, weil wir davon überzeugt waren, dass der SBU alles im Blick und damit unter Kontrolle habe.

Nun brach aber der Konflikt auf, als die Ukraine ihre Unterschrift unter dem vorbereiteten Assoziierungsabkommen mit der EU verweigerte.

Wir legten das Abkommen aus taktischen Gründen auf Eis. Erstens wollten wir alle Probleme, die sich daraus für unser Verhältnis zu Russland ergeben würden, vorab geklärt und geregelt haben. Zweitens wollten wir von der EU und dem IWF Zusagen über die Kompensierung der zweifellos eintretenden Verluste wegen des dann zurückgehenden Umsatzes mit Russland und der östlichen Zollunion. Und wir brauchten drittens Kredite zur Modernisierung unserer international kaum wettbewerbsfähigen Industrie. In den 90er-Jahren erlebte die ukrainische Industrie einen beispiellosen Niedergang, wofür mehrere Gründe verantwortlich waren. Auch Korruption und Spekulation. Clevere Geschäftsleute erwarben zu Spottpreisen vormals sowjetische Industrieanlagen, mit denen sie Riesengewinne machten, indem sie diese ausquetschten wie Zitronen, und das Geld, dass sie damit generierten, haben sie nicht im Lande investiert oder in die Modernisierung ihrer Betriebe gesteckt, sondern ins Ausland verschoben.

Sie reden jetzt von den Oligarchen.

Ich rede davon, dass die Ukraine in einer miserablen wirtschaftlichen Verfassung war, als ich 2010 mit der Regierungsbildung beauftragt wurde. Das Land steckte in einer tiefen Krise, das Bruttoinlandsprodukt war um weitere 15 Prozent gesunken, in den 90er-Jahren war es bereits um 65 Prozent geschrumpft. Die gesamte Baubranche lag so am Boden wie die Verwaltung des Landes. Es gab kaum noch funktionierende Banken, die Inflation galoppierte. Selbst das Dienstfahrzeug des Premierministers war im Eimer, es drehte sich kein Rad. Nun war das kein großes, staatstragendes Problem, doch selbst dieses nebensächliche Detail zeigte anschaulich, wie runtergewirtschaftet das ganze Land war. Das Auto ist wie eine Metapher.

Etwa 80 Prozent meiner Arbeitszeit als Premierminister verwandte ich darauf, die Volkswirtschaft grundlegend zu reformieren und damit zu modernisieren. Ich hatte keine Illusionen über den zeitlichen Rahmen. Wir würden etwa 15 bis 20 Jahre brauchen, um all die bürokratischen und technischen Hemmnisse zu überwinden und infrastrukturelle und andere Investitionen vorzunehmen, die der Ukraine auf lange Sicht Wachstum und Wohlstand sichern sollten. Nicht zu vergessen: Rechtsstaatlichkeit auf allen Ebenen durchzusetzen, um ein modernes, demokratisches Gemeinwesen zu werden. Demokratie kann man nicht postulieren, nicht auf Knopfdruck herstellen, es ist kein administrativer Akt. Es handelt sich um einen langwierigen Lernprozess für Bürger wie für Staatsbedienstete, für die niederen wie für die höheren.

Die Lernbereitschaft war zwar sehr unterschiedlich ausgeprägt. Es ging aber dennoch voran, zwar langsam, aber stetig. Das spürten die Menschen. Wir hatten beispielsweise im Laufe des Jahres 2013 mit China und Russland Direktinvestitionen und günstige Kredite von mehr als 40 Milliarden Dollar vereinbart. Das war mehr als das Gesamtvolumen aller Investitionen, die der Ukraine in den 23 Jahren ihrer Unabhängigkeit zur Verfügung gestanden hatten. Diese Mittel würden einen merklichen Fortschritt in unserer Entwicklung erlauben und ein erhebliches Wachstum des Einkommens der Bevölkerung gewährleisten. Das Bruttoinlandsprodukt könnte, so hatten wir errechnet, um acht Prozent wachsen.

Unter diesen Umständen fiel es leicht, auf die IWF-Kredite mit ihren Fußfesseln zu verzichten. Wir brauchten kein Geld aus dem Westen, das uns dazu verpflichten würde, die Lebenshaltungskosten jedes Bürgers der Ukraine dramatisch zu erhöhen und eine daraus resultierende Verarmung von Teilen der Bevölkerung in Kauf zu nehmen. So hatte man uns zum Beispiel bereits 2011 vorgeschlagen, 29 ukrainische Kohlegruben bis zum Jahr 2016 zu schließen. Diese »Reform« des Energiesektors wollte die EU mit bescheidenen 8,9 Millionen Euro unterstützen. Die Umstrukturierung des Ruhrgebietes dauerte mindestens drei Jahrzehnte und kostete Milliarden ...

Darum bescheinigten uns selbst die kritischen, aber informierten und kundigen Ukrainer, dass die Entscheidung, in Vilnius nicht zu unterschreiben, völlig richtig war. Die Freihandelsklauseln wären nur für wenige Sektoren der ukrainischen Industrie vorteilhaft gewesen; insgesamt hätten sie vor allem verschärfte

Konkurrenz und den Verlust vieler Jobs bedeutet. Umfragen vom November 2013 zufolge befürworteten 40 Prozent der Bevölkerung die Unterzeichnung des Assoziierungsabkommens; weitere 40 Prozent sprachen sich für ein Abkommen mit der von Russland dominierten Eurasischen Zollunion aus. Darum ist es absurd zu behaupten, wir hätten gegen die Mehrheitsinteressen des ukrainischen Volkes entschieden.

Das aber verbreiteten die Medien im Westen.
Wer versammelte sich anfangs auf dem Maidan? Vor allem Studenten und Angehörige der Kiewer Mittelschicht, die in erster Linie von einem imaginären »europäischen Traum« beseelt waren. Und es gab auch eine starke antirussische, nationalistische Komponente in diesem Protest. Man tat so, als wäre es in Vilnius um die Wahl zwischen zwei Zivilisationen gegangen – und wir hätten uns für die russische, die schlechtere Option entschieden. Nein, wir hatten uns gar nicht entschieden, allenfalls gegen überzogene Eile. Die einseitige Berichterstattung über meine Absage im Parlament mobilisierte etliche in Kiew, dann kam noch diese Tragödie auf dem Maidan am 29. November hinzu. Es eilten immer mehr Menschen in die Innenstadt, der Funke sprang auf andere Städte über. Überall gab es nun einen »Euromaidan«. Mit dem ursprünglichen Anlass hatte das nichts mehr zu tun. Die Entwicklung besaß eine eigene Dynamik, die aber von außen und von den Medien gesteuert wurde.

Man kann also sagen: Auf dem Premierminister lastete Druck von außen wie von innen.
Ja. Ich führte vor Vilnius Gespräche mit dem EU-Ratspräsidenten Barroso, mit der EU-Außenkommissarin Ashton und mit anderen Politikern, doch ich fand bei unseren Gesprächspartnern kein Verständnis. Ich konferierte mit den Präsidenten von Polen und von Litauen, Komorowski und Grybauskaitė. Der Westen übte erkennbar Druck auf uns aus. Und was den Maidan betrifft: Ich

denke, unsere Verweigerung war nur ein formeller Anlass für die Proteste.

Am 21. November hatte die Regierung bekanntgegeben, dass wir das Assoziierungsabkommen nicht unterzeichnen würden. Daraufhin versammelten sich ein paar Hundert Studenten auf dem Maidan, denen unsere Bedenken egal waren. In den nächsten Tagen blieb es konstant bei etwa 2.000 jungen Leuten. Als es bei der freiwilligen Räumung des Lagers diese militante Provokation gab und die Bilder weltweit verbreitet wurden, trafen sich Tausende Menschen allen Alters trotz Versammlungsverbot auf dem Maidan. Zornige Eltern und Großeltern kamen, weil sie gehört hatten, dass friedlich demonstrierende Studenten von der Staatsmacht verprügelt worden seien. Das Assoziierungsabkommen spielte überhaupt keine Rolle mehr, wohl aber die Forderung, dass diejenigen zurücktreten sollten, die für diesen Gewaltexzess verantwortlich gemacht wurden: Präsident Wiktor Janukowitsch und dessen Regierung.

Für mich begann in der Nacht vom 29. auf den 30. November der Staatsstreich. Von diesem Tage an erfolgten die Blockaden von Regierungseinrichtungen und die illegale Besetzung von offiziellen Gebäuden – und gleichzeitig die »Warnungen« aus dem Ausland. Besonders stark war der Druck aus den USA. Es intervenierten verschiedene Akteure aus den USA und von der EU ... Sie alle sagten uns: Sie dürfen keine Gewalt anwenden! Und das bedachten wir in unserer Politik, was aber dazu führte, dass die Staatsstruktur zerfiel, weil wir das Gewaltmonopol sukzessive verloren.

Was rieten Sie als Premierminister dem Präsidenten?
Es gab zwei Phasen des Maidan – die friedliche Phase vor dem 29. November und die aggressive danach. In der ersten Phase war ich entschieden für Kommunikation – ich forderte beispielsweise den Bildungsminister auf, das Gespräch mit den Studenten zu führen und sie über die Gründe unserer Unterschriftsverwei-

gerung zu informieren. In der zweiten Periode forderte ich den Präsidenten auf, gemäß der Verfassung der Ukraine zu handeln und die Arbeitsfähigkeit der Staatsorgane wiederherzustellen und durchzusetzen. Aufgrund der Belagerung des Regierungsviertels beispielsweise gelangte nicht einmal mehr der Premierminister ungehindert in sein Büro.

Was meinten Sie mit »gemäß der Verfassung handeln«?

Die bewaffneten Terroristen auf dem Maidan von den friedlichen Demonstranten trennen, sie zu entwaffnen und juristisch zur Verantwortung zu ziehen. Und: Die von sogenannten Maidan-Milizen besetzten Verwaltungseinrichtungen – das Rathaus, das Gewerkschaftshaus und so weiter – zu räumen, notfalls mit Gewalt, wenn die Besetzer nicht freiwillig abziehen würden. Kein Staat der Welt nahm und nimmt es widerstandslos hin, wenn bewaffnete Terroristen und Extremisten ihm auf der Nase herumtanzen. Er verliert dadurch seine Autorität gegenüber dem eigenen Staatsvolk und dem Ausland. Das durften wir nicht zulassen.

Der Gang der Geschichte zeigt aber, dass es zugelassen wurde.

Objektiv ja, subjektiv nein. Die Polizei- und Ordnungskräfte hielten durchaus dagegen. In den Auseinandersetzungen verloren über 30 Polizisten ihr Leben, mehr als 900 mussten in Krankenhäusern behandelt werden. Das spricht für die Entschlossenheit, den Terroristen und Faschisten nicht nachzugeben …

Es spricht aber auch für den Fanatismus und die Entschlossenheit der »Opposition«, die Staatsmacht zu zerschlagen und militärisch zu vertreiben.

Ja. Ich nehme als Beispiel den Sturm auf die Zentrale der *Partei der Regionen* am 19. Februar 2014. Hunderte Kämpfer des *Rechten Sektors* drangen gewaltsam ins Haus der Regierungspartei ein, traten Türen ein, schlugen Mitarbeiter zusammen oder tot – zwei der Angestellten wurden brutal erschlagen. Die Faschisten verwüsteten die Räume und steckten schließlich das Haus in Brand. Darüber berichteten die westlichen Korrespondenten nicht – es war ja die Zentrale der Regierungspartei.

Sie waren zu jenem Zeitpunkt bereits vom Präsidenten entlassen. Also muss ich fragen: Warum hat Janukowitsch nichts unternommen?
Man kann nicht sagen, dass er nichts unternommen habe. Er hat vielleicht nur nicht das Richtige und das Richtige nicht ausreichend getan. Er hat Gespräche und Verhandlungen geführt, um die Unruhen friedlich zu beenden und weiteres Blutvergießen zu vermeiden. Dabei hat er auch Zugeständnisse gemacht, die nichts gebracht haben. So bezweifle ich, dass die Entlassung des Premierministers am 28. Januar, quasi dessen »Opferung auf dem Altar des Vaterlandes«, etwas gebracht hat. Sein Regierungschef hatte kurz zuvor, im Dezember und im Januar, zwei Misstrauensanträge überstanden, d. h. das Parlament hatte ihm deutlich den Rücken gestärkt und mehrheitlich seiner Politik zugestimmt. Was mit der Entscheidung des Präsidenten konterkariert wurde.

Was ist tatsächlich passiert? Die einen sagen, Janukowitsch habe Sie entlassen, die anderen sprechen von Rücktritt.
Ich stimmte der Entscheidung des Präsidenten zu, trat also von meiner Funktion zurück, um ihm die Chance eines Neuanfangs mit einem anderen Regierungschef zu geben, was ja seitens der USA gefordert worden war.

Mit Jazenjuk?
Ich vermutete es, denn eine Repräsentantin der US-Regierung hatte mir im Gespräch direkt ins Gesicht gesagt, dass sie lieber Jazenjuk statt mich als Premierminister sähe, ohne das näher zu begründen. Das war nicht nur persönlich beleidigend, sondern anmaßend und eine Einmischung in die inneren Angelegenheiten eines souveränen Staates, der sich seine Regierungschefs noch

immer selbst aussucht. Diese Forderung wird sie gewiss auch anderswo vorgetragen haben. Und der Präsident handelte.

Und entließ den Chef der vermutlich erfolgreichsten Regierung, den die Ukraine seit ihrer Unabhängigkeit 1991 hatte.
Warum Präsident Janukowitsch sein Volk und sein Amt nicht anders und nicht besser verteidigt hat, müssen Sie ihn fragen. Ich gestehe ihm aber zu, dass er unter extrem hohem Druck stand. Es berichteten doch nicht nur die ausländischen, sondern auch die inländischen Massenmedien über die Unruhen und Zusammenstöße, und alle schrieben nur aus der Perspektive der »Opfer«. Der Fokus lag ausschließlich auf den Barrikadenkämpfern, auf den Protestlern, auf den von der Polizei angeblich oder tatsächlich Angegriffenen und Verletzten. Es gab Fotos von blutenden Zivilisten, brennenden Barrikaden, knüppelnden Milizionären. Aufnahmen von schießwütigen Schlägern des *Rechten Sektors*, von »Demonstranten«, die Steine und Molotow-Cocktails gegen Polizisten warfen, von verletzten Polizisten, von verwüsteten Regierungsgebäuden hingegen sah man selten – das waren keine Opfer, sondern Täter. Es war eine völlig einseitige Wiedergabe der in Kiew herrschenden Verhältnisse, die nur einem Ziel dienten: das blutige, brutale Janukowitsch-Regime zu zeigen mit der Maßgabe, den Diktator zu stürzen, um ihn vor ein internationales Tribunal in Den Haag zu zerren wie andere »Staatsverbrecher« zuvor.

Nahmen Sie an den Treffen mit den drei EU-Außenminister am 21. Februar 2014 teil?
Nein. Ich habe aber mit dem Präsidenten vor dessen Begegnungen mit den Ministern gesprochen. Ich habe die Gespräche und Verhandlungen grundsätzlich begrüßt, allerdings Janukowitsch zugleich klarzumachen versucht, dass diese drei und die von ihnen vertretene EU – bei allem Respekt – keinen Einfluss auf den weiteren Verlauf hätten. Sie würden nicht intervenieren und auf

Einhaltung der Verträge dringen, sofern welche zustande kämen und diese nicht eingehalten werden würden. Entscheidend seien die USA. Washington allein zöge die Strippen, das hätten die bisherige Entwicklung und Äußerungen von US-amerikanischen Politikern deutlich gezeigt. Die USA wollten den Machtwechsel um jeden Preis, um sich in einem weiteren Staat an der Grenze zu Russland dauerhaft niederzulassen. Es gehe in diesem vermeintlich innenpolitischen Konflikt, bei dem überall blaue Fahnen mit gelben Sternen wehten, nicht um Europa, sondern ausschließlich um Interessen der USA. Aber ich hatte den Eindruck, der Präsident wollte so etwas nicht hören. Ich predigte tauben Ohren.

Haben Sie selbst um Ihr Leben fürchten müsse?

(Asarow lacht gequält, dann steigen ihm sichtbar Tränen in die Augen.) Ich wohnte mit meiner Frau Ljudmila Nikolaewna, sie ist Pädagogin, in Kontscha-Saspa vor den Toren der Stadt. Unser Sohn Alexej, 1971 geboren, lebte bereits seit mehr als zwei Jahrzehnten sein eigenes Leben. Nach dem Abitur hatte er ein Studium in Moskau begonnen. Ich verließ am Nachmittag des 21. Februars den Präsidentenpalast, bevor das Abkommen unterzeichnet wurde. Auf dem Heimweg wirbelten die Gedanken in meinem Kopf, ich fand auch später keine Ruhe, nahm ein Schlafmittel und legte mich ins Bett.

Der Samstagmorgen grüßte mich mit Sonnenstrahlen, die Angst war vergangen, und ich verließ das Haus, um zur Arbeit nach Kiew zu fahren. Allerdings schien mir einiges ungewöhnlich zu sein. An der Treppe stand der Chef des Personenschutzes. Der hatte mich morgens noch nie abgeholt. Mich begleitete sonst einer seiner Offiziere. Der PS-Chef war auch nicht allein. Ich ging ungerührt zum Auto, grüßte freundlich, und mit ein wenig unsicher klingender Stimme kam zurück: »Wohin möchten Sie fahren?«. Ich erkundigte mich nach dem Grund seiner etwas ungewöhnlichen Frage, und er antwortete, dass allem Anschein nach die Stadt in die Hände der Maidan-Kräfte gefallen sei. Weder würde man unsere Polizei noch die Berkut-Spezialkräfte im Stadtbild sehen. Als habe sie die Erde verschluckt. Sie seien einfach verschwunden. Und dann berichtete der Chef des Personenschutzes noch, dass ein Posten vor dem Ministerrat brutal zusammengeschlagen worden sei. »An Ihrer Stelle würde ich nicht in die Stadt fahren.« Ich hieß ihn warten und kehrte ins Haus zurück.

Mithilfe unseres internen Kommunikationsnetzes versuchte ich nacheinander den Präsidenten, den Außenminister und den Chef des Sicherheitsdienstes zu erreichen. Vergeblich. Die Anrufe gingen ins Leere. Ich ging wieder nach draußen. Ob er wisse, wo sich der Präsident aufhalte, fragte ich den Personenschützer und sagte ihm auch, dass ich Janukowitsch telefonisch nicht erreicht habe.

Nach Auskunft der Kollegen halte sich der Präsident in seiner Residenz Meschyhirja auf, die etwa 20 Kilometer vor Kiew liegt, sagte er. Zumindest seien die Leibwächter gestern Abend mit ihm dorthin gefahren. Es stünden dort aber auch Hubschrauber, die ihn notfalls evakuieren könnten. Ich schaute den Personenschützer irritiert an. Der fuhr ungerührt fort. »Ihr Haus hingegen ist völlig ungeschützt. Ich weiß nicht ...«. »Ich fliege nach Charkiw zum Kongress«, sagte ich, »fahren Sie mich zum Flugplatz. Und da meine Frau das Fliegen nicht verträgt, bringen Sie sie bitte mit dem Wagen nach Donezk. Dort herrscht noch zivilisierte Ruhe.« In Donezk, wo wir von 1984 bis 1994 gelebt hatten, gab es Freunde und Bekannte, bei denen man notfalls unterkommen konnte. Ich nahm den Hinweis, dass unser Wohnhaus ungeschützt sei, durchaus ernst. Nachdem ich mich von meiner Frau verabschiedet hatte, versuchte ich unablässig weiter, jemanden in Kiew an seinem Schreibtisch oder unterwegs zu erreichen. Seit ich zurückgetreten war, erhielt ich keine operativen Informationen mehr aus dem Innenministerium und aus dem Sicherheitsdienst. Meine wichtigste Nachrichtenquelle war der Präsident selbst, den ich regelmäßig zu Konsultationen traf. Wie sich im Nachhinein zeigte, war dies keineswegs eine seriöse Quelle. Die zuverlässigsten

Informanten in meinem Umkreis waren meine Personenschützer, die für mich bereits seit 1997 arbeiteten. Sie waren verlässlich und loyal.

Die Personenschützer hatten über ihre Kanäle erfahren, dass die Zufahrtsstraßen in die Hauptstadt abgeriegelt und die Checkpoints von Maidan-Milizen besetzt worden seien. Noch immer glaubte ich nicht an einen Putsch und versuchte unablässig weiter, Janukowitsch oder jemanden aus dem Umfeld des Präsidenten zu erreichen, als ein Anruf von der Begleitung meiner Frau einging. Ihre aus zwei Fahrzeugen bestehende Kolonne hatte, wie ich vernahm, unmittelbar hinter Kontscha-Saspa einen »Schatten« bekommen. Ein Offroader habe sie über etliche Kilometer verfolgt, dann ihre beiden Autos überholt und gewendet, so die Mitteilung über das Mobiltelefon. Beim Entgegenkommen sei aus dem Fahrzeug auf das erste Auto, in welchem meine Frau saß, geschossen worden. Die MPi-Garbe hatte die Motorhaube getroffen, ein Querschläger die Windschutzscheibe zerstört.

Ist Ihre Frau getroffen worden?

Meine Frau, so hieß es, sei unverletzt, man setzte mit dem zweiten, dem unversehrten Fahrzeug, die Fahrt nach Donezk fort.

Zweifellos galt dieser Anschlag mir, die Attentäter wussten nicht, dass nicht ich im Fahrzeug saß. Außerdem waren es – gottlob – schlechte Schützen, wenn sie nicht trafen. Oder aber: Sie hatten das nicht vorgehabt. Es sollte mir vielleicht nur ein Denkzettel verpasst werden? Egal, was der Grund für diesen missglückten Überfall war: Er verdeutlichte mir den Ernst der Lage. Die Vertreter des Staates, zu denen ich noch immer gehörte, sollten offensichtlich physisch ausgeschaltet werden. Das bestätigte meine Überzeugung, dass es nicht nur ein innenpolitischer Konflikt war, sondern ein Putsch, mit dem organisierte, bewaffnete Kräfte – keineswegs nur eine Handvoll Strauchdiebe und Terroristen – sich anschickten, die Herrschaft im Land mit Gewalt an sich zu reißen!

Endlich ging die Nachricht der Flugbereitschaft ein. Eine Maschine stünde auf dem Flughafen Boryspil für mich zum Abflug bereit, wir konnten aufbrechen. Ich nahm nur eine Aktentasche und verließ das Haus, in welchem wir seit zwölf Jahren lebten. Meine Frau und ich hatten einen Garten dahinter angelegt und Bäume gepflanzt. Das alles war uns ans Herz gewachsen. Ich verließ unser Anwesen in der Überzeugung, schon in wenigen Tagen wieder hierher zurückzukehren. Der Fahrer meines Wagens hielt an keinem Kontrollposten, wir donnerten einfach durch die Absperrungen. Ungehindert gelangten wir zum Airport. Kaum an Bord, hob auch schon die Maschine in Boryspil ab. Nach einem kurzen Flug setzten wir in Charkiw auf. Am Flughafen erwartete mich ein Vertreter der Regionalverwaltung. Er habe kurzfristig ein Treffen mit Aktivisten der *Partei der Regionen* organisiert, wie er mir bei der Begrüßung sagte, um gemeinsam mit ihnen zu beraten. Wir fuhren durch die Stadt, vorbei an vielen Neubauten – ohne zu ahnen, dass Charkiw schon bald unter Kontrolle der Kiewer Putschisten geraten würde. Die Parteiaktivtagung war nicht einfach. Es wurde hart und hitzig diskutiert. Der Unmut richtete sich vornehmlich gegen Präsident Janukowitsch, der von der *Partei der Regionen* ins Amt getragen worden war.

War Janukowitsch zugegen?

Nein, zumindest habe ich ihn nicht gesehen. Man warf dem Abwesenden vor allem Untätigkeit vor. Wieso habe er zugelassen, dass monatelang auf dem Maidan protestiert werden konnte? Warum wurde nicht für Ordnung gesorgt, als die selbst ernannten Maidan-Milizen auf die Polizei zu schießen begannen? Die dem Präsidenten von der Verfassung aufgetragene Pflicht, für Ruhe und Ordnung im Lande zu sorgen, habe er nicht erfüllt. Einige der erregten Redner warfen ihm sogar Verrat vor und kündigten ihm die weitere Gefolgschaft auf.

Ich versuchte zu beruhigen. Janukowitsch bleibe, bei aller berechtigten Kritik, der gewählte Präsident des Landes. Erstens wäre es aus verschiedenen Gründen nicht klug, mitten im Fluss die Pferde zu wechseln, sagte ich, und zweitens muss er – auch mit Hilfe der Partei – diese Krise im Interesse des Volkes lösen. Danach erst sollten wir entscheiden, ob man ihn abwählt oder im Amt bestätigt. Der Termin für die vorgezogene Wahl eines neuen Präsidenten sei gestern mit den EU-Außenministern bereits besprochen worden.

Obgleich ich die Einschätzung teilte, dass Janukowitsch sich in den letzten Monaten unentschlossen und willensschwach gezeigt hatte, hielt ich mit meiner persönlichen Meinung hinterm Berg. Meinen Unmut zu äußern, wäre nicht im Interesse der Staatsräson gewesen. Es hätte keinem geholfen und die Lage nicht verbessert. Einige Partei-Aktivisten stützten meine Position. Aber die meisten waren gegen den »Euromaidan« und die Gefährdung des Landes, die erkennbar von dort ausging. Eine gewaltsame Machtübernahme durch diese chaotischen Kräfte werde man nicht akzeptieren, erklärte man gleichermaßen selbstbewusst wie zornig. Man wolle sich zur Wehr setzen.

In die Runde platzte die Nachricht, dass sich Präsident Janukowitsch geweigert habe, vor das Parlament zu treten. Korrekter: Er war erst gar nicht in der Werchowna Rada erschienen, denn er habe bereits in der Nacht Kiew verlassen. Daraufhin sei er abgesetzt worden. Wie ich später erfuhr, waren spezielle Gruppen mit der Absicht formiert worden, den Präsidenten physisch zu liquidieren, weshalb dieser fluchtartig seine Residenz mit dem Hubschrauber verlassen hatte. Das konnte ich noch verstehen. Aber ich verstand nicht, weshalb er nicht den Beistand der Kräfte im Osten und Südosten des Landes suchte, die bereit waren, die verfassungsmäßige Ordnung des Landes zu verteidigen. Die Mehrheit der Bevölkerung, der Polizei und des Militärs stand bereit. Mit deren Unterstützung hätte der Präsident auf die Erfüllung der Vereinbarung vom 21. Februar drängen können. Und wäre auf diese Weise auch im Ausland als moralischer Sieger erschienen. Stattdessen wechselte er in Charkiw vom Hubschrauber in ein Auto, ohne dass jemand von uns etwas davon mitbekam.

In Kiew hatten sich etwa 500 Freischärler mit Bussen auf dem Weg gemacht, um seiner habhaft zu werden, wie es hieß. Und während Janukowitsch unterwegs zur Krim war, lief die Polizei in Kiew zur »Opposition« über. Das Innenministerium erklärte seine Bereitschaft, den politischen Wandel im Lande zu unterstützen. Auf der Sitzung des Parlaments heulte plötzlich eine große Zahl Abgeordneter der Regierungspartei mit der »Opposition« und stimmte für die Absetzung des Präsidenten.

Das war eindeutig ein Verfassungsbruch. Der ukrainische Präsident schied entweder durch Tod, Rücktritt oder Krankheit aus dem Amt. Oder im Rahmen eines Amtsenthebungsverfahrens. Dieses musste mehrere parlamentarische und auch juristische Hürden nehmen, ehe nach eingehender Prüfung der erhobenen Vorwürfe das Parlament mit einer Dreiviertelmehrheit seine Absetzung verfügen konnte. Es hatte keinerlei Prüfverfahren gegeben, nichts. Und auch die anderen Gründe trafen nicht zu. Janukowitsch war zwar übermüdet wie wir alle, aber nicht todkrank. Und er war auch nicht gestorben oder zurückgetreten. Seine in Abwesenheit erfolgte Absetzung war ungesetzliche Willkür. Mit Demokratie hatte das nichts zu tun. Es war ein Putsch, ein Staatsstreich, eine Verschwörung – denn all die Schritte, die in rascher Folge in den zurückliegenden Stunden unternommen worden waren, erfolgten nicht spontan. Das schien geplant und inszeniert, da führte jemand Regie. Nicht jene kleinen Figuren, die jetzt auf der Kiewer Bühne das Maul aufrissen.

Präsident Janukowitsch aber hatte eindeutig versagt. Er unterließ es, mit demokratischen Mitteln zu kämpfen, als er dazu noch in der Lage gewesen war und Rückhalt in weiten Teilen der Bevölkerung besaß. Es bestand eine Chance, wenngleich sie vielleicht auch gering war, das Land vor der vollständigen Machtübernahme durch Usurpatoren zu bewahren. So aber fiel es den

Marionetten der USA anheim, die Pläne der Obama-Administration zu realisieren.

Für Sie waren also ganz klar die USA verantwortlich für den Macht- *wechsel in Kiew, sie organisierten den Staatsstreich mit geheim-* *dienstlichen, politischen und propagandistischen Mitteln?*
Ja. Die amerikanische Botschaft in Kiew war das Stabsquartier, und die Führer der »Opposition« suchten es täglich auf, um Instruktionen entgegenzunehmen. Auf der anderen Seite wurde die Führung der Ukraine elektronisch observiert: Sie wussten über jeden unserer Schritte Bescheid. Die wichtigsten Organe des Staates wurden, wie wir heute wissen, systematisch ausgespäht und überwacht. Drittens erfolgte die Finanzierung nur zum Teil von einheimischen Oligarchen, die Masse der Zuwendungen kam von außen. Und schließlich haben die USA im Laufe von zehn bis fünfzehn Jahren Einflussagenten in Gestalt von Journalisten und NGOs aufgebaut und platziert. Ich konnte selbst als Premierminister in keinem Fernsehsender mehr auftreten, bekam keine Chance, dieses Massenmedium für »Regierungspropaganda« zu benutzen.

Während des Maidan und der Zusammenstöße trafen sich in Berlin Ukrainer, Russen, Juden, die in den 90er-Jahren nach Deutschland gekommen waren und sich noch immer mit ihrer ukrainischen Heimat verbunden fühlten. Auch wenn sie schon lange hier lebten und integriert waren, trugen sie die Heimat noch immer im Kopf und in ihren Herzen. Sie nahmen Anteil an dem, was dort geschah. Genauer gesagt: Wovon sie annahmen, dass es sich so verhielt, wie sie es im Fernsehen zu sehen bekamen. Sie hatten gesehen, wie Polizisten brutal geprügelt hatten, sahen in blutende Gesichter junger Leute, hatten mit Schrecken verfolgt, wie Verwundete schreiend auf Bahren davongetragen wurden und dass stoisch dabeistehende Uniformierte keine Hand rührten. Mit vor Angst geweiteten Augen registrierten sie die dunklen

Rauchschwaden, die über das Schlachtfeld Maidan zogen, und dass nicht nur Autoreifen brannten, sondern auch Barrikaden. Wir kamen bei dieser Demo ins Gespräch. Wir lebten gemeinsam und friedlich in dieser Millionenstadt Berlin, ohne uns bislang zu kennen, aber die brennende Heimat hatte uns zusammengeführt. Wir gehörten zusammen aufgrund unserer Herkunft, auch wenn wir uns sozial und politisch unterschieden. Unsere gemeinsame Vergangenheit einte uns.

Allerdings stellte sich bald heraus, dass uns Entscheidendes trennte: das Wissen. Ich war regelmäßig vor Ort gewesen, hatte mich – sicherlich auch berufsbedingt – kundig gemacht, in Kiew und anderenorts mit Beteiligten und Betroffenen geredet, mit stillen Beobachtern und engagierten Aktivisten. Ich hatte die Luft geatmet, die sie atmeten, träumte wie alle auf der Welt und auch wie sie von Freiheit, Gleichheit, Brüderlichkeit, seit diese Ideale seinerzeit in Paris postuliert worden waren. »Alle Menschen sind frei und gleich an Würde und Rechten geboren«: So formulierten es die Vereinten Nationen in ihrer Allgemeinen Erklärung der Menschenrechte ... Alle Menschen sind frei und gleich an Würde und Rechten geboren: Das sollte auch in der Ukraine gelten, ja.

Doch was wussten die Exilanten in Berlin über die Vorgänge in der Ukraine tatsächlich? In der Regel nur das, was ihnen die Medien vermittelt hatten. Und das waren Halbwahrheiten. Und bekanntlich sind Halbwahrheiten mitunter ganze Lügen. Viele der Demonstranten, die Anteil nahmen an dem Schicksal der von der Staatsmacht Geprügelten, Geschundenen und Getretenen, hatten keine Ahnung, dass dieselben Leute auch Brandflaschen auf Polizisten warfen, Häuser besetzten und Waffenkammern ausräumten und sich illegal bewaffneten, auf Menschen schossen und zu Mördern wurden. Denn: Das kam in den hiesigen Medien kaum vor. Es gab in der Berichterstattung der meisten Medien nur Opfer und Täter, und die Täter gab es nur auf der einen Seite, während die Opfer, die Guten, nur auf Seiten der Opposition zu finden war. Die grobschlächtigen Stereotype, unablässig reproduziert, fraßen sich nicht nur in das Bewusstsein unserer ukrainischen Landsleute, sondern vornehmlich auch in das öffentliche Bewusstsein in der Bundesrepublik. Es fand in den sogenannten meinungsbildenden Medien, soweit ich weiß, nicht eine kritische Untersuchung der Vorgänge in der Ukraine statt, es unterblieb auch die selbstkritische Reflexion der eigenen Berichterstattung. Massenhaft waren Reporter in die Ukraine geschickt worden, die elektronischen Medien berichteten nahezu im Minutentakt. »Zu schablonenhaft, zu anti-russisch ist die Darstellung der Ereignisse in vielen Medien. Wladimir Putin wird auf das Image des skrupellosen Machtpolitikers reduziert, seine Gegner sind die Guten im Konflikt«, urteilt das Goethe-Institut und zitierte den Medienforscher und -kritiker Uwe Krüger von der Universität Leipzig mit dem Satz: »Ich sehe in weiten Teilen eine pro-westliche Berichterstattung, die sich weniger für die Schattenseiten des Westens und pro-westlicher ukrainischer Akteure interessiert. Diese werden zwar nicht komplett unter den Teppich gekehrt, aber der Aufklärungseifer der meisten deutschen Journalisten richtet sich auf andere Dinge.« Und was rät der Experte? »Ich rate zu grundsätzlicher Skepsis. Es ist angezeigt, viele Medien abzugleichen, etablierte und alternative, inländische und ausländische«, mit anderen Worten: man soll selber recherchieren und sich kundig machen.[1]

Das sah ich nicht anders. Deshalb war ich unterwegs. Deshalb hab ich dieses Buch geschrieben. Es ist nicht *die* Wahrheit, aber vielleicht hilfreich, sie zu finden. Was ja ein Beitrag zur Befriedung, zur Beendigung des hybriden Informationskrieges sein könnte.[2]

Zum Schluss

Sechs Jahre sind seit dem politischen Machtwechsel in der Ukraine vergangen. Geht es den Menschen in meiner Heimat besser als vorher? Ist ihre Gegenwart friedlich und die Zukunft sicher geworden? Verdienen sie gut, ist die Rente auskömmlich? Genügt die medizinische Versorgung? Haben alle satt zu essen? Gibt es das ganze Jahr über warmes Wasser in den Neubaublöcken und erfüllt die Heizung im Winter ihre Funktion? Lernen die Kinder in der Schule Vernünftiges oder werden sie indoktriniert? Und aufs Gesellschaftspolitische gezielt: Erleben die Ukrainer mehr Demokratie und weniger Korruption im Alltag? Gibt es mehr oder weniger Inflation? Sind die Steuern und Abgaben gesunken oder gestiegen? Hat die Rechtssicherheit zu- oder abgenommen?

Es sieht nicht danach aus, dass sich etwas zum Besseren gewendet hat. Die Ukraine ist ein reiches Land, wir müssten eigentlich besser leben, erklärte die Frau des Bürgermeisters in dem Karpatendorf Tukhlya in einer ARD-Reportage zum fünften Jahrestag des Machtwechsels.[1] Doch ihr Mann widersprach ihr, sie müsse Geduld haben, dass gehe nicht so einfach von heute auf morgen.

Zukunftsversprechen und Ermahnungen zur Geduld begleiten die Ukrainer inzwischen seit fast 100 Jahren. Stets wurde angeblich alles besser, aber nichts ist wirklich gut geworden. Ein deutlicher Indikator für die Lebenslage eines Volkes ist die Migration. »Insgesamt schrumpfte die Bevölkerung des Landes von 52 Millionen im Jahr 1991 auf 42,9 Millionen im Jahr 2015, so der staatliche Statistikdienst der Ukraine.«[2]

Der Prozess wurde durch den Machtwechsel 2014 nicht gestoppt, sondern beschleunigt. Die Unzufriedenheit mit der Lebensqualität und den wirtschaftlichen Möglichkeiten, insbesondere die Erfahrungen mit der allgegenwärtigen Kleptokratie, die wie ein Leichentuch über dem Land liegt und das Atmen schwer macht, treibt immer mehr Menschen außer Landes. Die österreichische Wirtschaftsagentur Bloomberg spricht von einem Massenexodus bei der arbeitsfähigen Bevölkerung, die sich insbesondere in den Nachbarstaaten um Jobs bemühe. 2018 habe man den stärksten Abgang seit 2015 registriert. »Bloomberg zufolge setzten sich 507.000 Bürger 2015 bis 2017 in Polen ab. 343.000 reisten im Berichtszeitraum nach Russland, 127.000 nach Tschechien und 22.000 nach Weißrussland aus.«[3]

Um den fünften Jahrestag des Machtwechsels herum gab es vergleichsweise wenige Beiträge in deutschen Medien, die an die Vorgänge damals erinnerten. Das überraschte mich nicht. Es hängt wohl mit dem Charakter der Medien- und Informationsgesellschaft zusammen, die den Fokus lieber auf die Gegenwart richtet, als Fragen an die Vergangenheit zu stellen. Die richtigen Fragen könnten eventuell Antworten zutage fördern, die bisherige Narrative als Geschichtslügen überführten. Dieses Risiko scheut man offenkundig. Lieber wird alles in einer kitschigen, ahistorischen Gefühlssoße verrührt. »Fünf Jahre ist es her, dass auf dem Maidan in Kiew, dem Platz der Unabhängigkeit, die Menschen auch für ihre Zugehörigkeit zu Europa demonstrierten. Bei dem Versuch der brutalen Niederschlagung der Proteste kamen über 80 Menschen ums Leben. Auch von Schützen der Spezialeinheit Berkut erschossen.« So allgemein wurde ein Elfminutenbeitrag im ersten Programm der ARD am 17. Februar 2019 anmoderiert.[4] Wer hat da was brutal niedergeschlagen? Die geläufigen Reizworte fielen, wobei ich mir nicht einmal sicher bin, ob jeder Zuschauer heute noch weiß, was sich hinter der »Spezialeinheit Berkut« verbirgt. Und mit dem relativierenden »auch« – scheinbar das Lieblingswort deutscher Journalisten, um einer eindeutigen

Festlegung zu entgehen – öffnete man sich das Hintertürchen: Es waren ja damit *auch* andere nebulös gemeint. »Bis heute kommt die Ukraine nicht zur Ruhe. Auch weil das die Regierung von Wladimir Putin in Moskau nicht will. Nach der völkerrechtswidrigen Annexion der Krim führt Russland auch heute noch Krieg im Osten der Ukraine.«[5] Warum soll Putin wollen, dass die Ukraine nicht zur Ruhe kommt? Russland hat genug eigene Probleme, um anderen welche zu machen. Wie unbedacht und unbedarft damit die Wahrheit gebeugt wird. Führt Russland Krieg im Osten der Ukraine – »auch heute noch«? Denkt man dabei etwa an die Rote Armee, die auf ukrainischem Territorium Krieg gegen die faschistische Wehrmacht führte? Wann jemals sonst kämpften russische Soldaten in der Ukraine? War das nur Sprachschluderei, Nachlässig- oder Gedankenlosigkeit?

Wenn Russland mit seinen Truppen im Osten der Ukraine stünde, dann wäre es kein ukrainischer Bürgerkrieg, sondern ein Krieg zwischen zwei Staaten mit allen Konsequenzen. Selbst mit der sicheren, wenngleich schrecklichen Konsequenz, dass russische Truppen, wie einmal der Ex-Bundeswehrinspekteur Harald Kujat beiläufig bemerkte, binnen weniger Stunden in Kiew wären. Das wollen und werden sie aber gewiss nicht. Der ehemalige Militär Kujat sieht das Problem jedoch eher auf westlicher Seite und zudem als Wahrnehmungsproblem. »Bundespräsident Frank-Walter Steinmeier hat vor Kurzem beklagt, dass es keine Vertrauensbasis zwischen dem Westen und Russland gibt«, schrieb Kujat Ende 2018. »Eine wesentliche Ursache dafür ist der Antagonismus zwischen den Großmächten, ist der Informationskrieg, dem wir täglich ausgesetzt sind, sind Provokation und Gegenprovokation, Verdächtigung und Beschuldigung, Drohung und Gegendrohung, Sanktionen und Gegensanktionen.«[6] Er warf dem Westen zudem einen »ukrainischen Tunnelblick« vor. Begründet werde dies mit einer werteorientierten Außen- und Sicherheitspolitik, vor allem mit dem Hinweis auf das Völkerrecht. »Eine Haltung, die man nach den völkerrechtswidrigen

Angriffen westlicher Staaten auf Syrien durchaus hinterfragen könnte.«[7]

Ich habe als in Berlin lebender Schriftsteller ukrainischer Herkunft diesem »ukrainischen Tunnelblick« nie folgen wollen, wohl aber jenen, die hierzulande sich die Abrüstung im Informationskrieg auf die Fahnen geschrieben haben. Deshalb hatte ich mich aufgemacht, um mit Menschen zu reden, die bis Anfang 2014 Verantwortung in der Ukraine trugen. Im »Informationskrieg« sind sie gleichsam die Kriegsgefangenen, die zum Schweigen verurteilt wurden. Hingegen rollt man den »Kriegshelden« seither den Teppich aus. Allerdings schießt man nicht mehr so laut Salut und nennt etwa Julija Timoschenko die »Lügenbaronin der Ukraine«.[8] Die 57-jährige Ex-Premierministerin, »die durch dubiose Gas-Deals reich wurde«, führte das Rating »Lügner und Manipulatoren 2018« an, das »VoxCheck«, eine angesehene gesellschaftliche Organisation in der Ukraine mit führenden, teilweise aus dem Ausland stammenden oder dort lehrenden Wissenschaftlern, veröffentlichte. »Demnach waren von den 248 überprüften Zitaten Timoschenkos nur 31 Prozent wahr, 27 manipulativ, 33 gelogen – und acht Prozent übertrieben.«[9]

Im Informationskrieg ist, wie in jedem Krieg, die Wahrheit das erste Opfer. Im Unterschied zu den menschlichen Opfern kann diese jedoch wiederbelebt werden. Daran will ich mitwirken – wohl wissend, dass die ganze Wahrheit erstens nicht am Stück zu haben ist, sondern aus vielen Elementen besteht, und dass sie zweitens gegen viele Unwahrheiten durchgesetzt werden muss. Lügen und Halbwahrheiten besitzen mitunter ein sehr langes Leben, sie sind Methusalems. 1600 wurde der italienische Priester, Dichter, Philosoph und Astronom Giordano Bruno auf dem Scheiterhaufen verbrannt. Die Inquisition befand ihn der Ketzerei und Magie für schuldig, weil er das Weltall für unendlich hielt. Diese kirchliche »Wahrheit« galt 400 Jahre. Erst im Jahr 2000 wurde Bruno von der Kirche rehabilitiert, Papst Johannes Paul II. erklärte, die Hinrichtung sei Unrecht gewesen.

Bei Astronomie kommt mir ein Zitat in den Sinn, dass dem Friedensnobelpreisträger Albert Einstein zugeschrieben wird. Und wenn es auch nicht von ihm sein sollte, so trifft es gewiss zu: »Zwei Dinge sind unendlich, das Universum und die menschliche Dummheit, aber bei dem Universum bin ich mir noch nicht ganz sicher.«

Und trotzdem werde ich immer wieder gegen die umlaufenden Vorurteile anschreiben. Ich werde weiter versuchen, der gewiss zutreffenden Aussage auf tagesschau24 nachzugehen: »Fünf Jahre nach den Schüssen auf dem Maidan sind viele Probleme der Ukraine weiter ungelöst.«[10] Ich werde wieder und wieder mit Beteiligten und Betroffenen reden, um zu ergründen, warum alles so kam, wie es gekommen ist und warum wir so leben, wie wir leben müssen.

Anhang

Die Wiedergabe der Dokumente in deutscher Sprache erfolgt nach den entsprechenden Vorlagen aus den offiziellen ukrainischen oder russischen Quellen. Sie wurden weder sprachlich-stilistisch noch inhaltlich bearbeitet.

Anhang 1:
Vertrag vom 21. Februar 2014 (deutsche
Übersetzung)

Перевод с русского языка на немецкий язык

Text des Abkommens über die Regelung der Krise in der Ukraine

Freitag, den 21. Februar 2014, 16:35

HAUPTNEUHEITEN

Über die tragischen Fälle der Lebensverluste in der Ukraine beunruhigt,
sofort wünschend, das Blutvergießen einzustellen,
Entschlossen eingestellt, den Weg zur politischen Regelung der Krise anzulegen,

Wir, untergezeichnete Parteien, haben über das Folgende vereinbart:

1. Innerhalb von 48 Stunden nach der Unterzeichnung dieses Abkommens wird das spezielle Gesetz angenommen, unterschrieben und veröffentlicht sein, das die Gültigkeit der Verfassung der Ukraine 2004 mit den Veränderungen wieder herstellet, die vor diesem Moment eingetragen worden sind. Die Unterzeichner erklären die Absicht, die Koalition zu schaffen und die Regierung der nationalen Einheit innerhalb von 10 Tagen danach zu bilden.

2. Die Verfassungsreform, die die Vollmachten des Präsidenten, der Regierung und des Parlaments auswiegt, wird sofort begonnen und im September 2014 beendet sein.

3. Die Präsidentschaftswahlen werden sofort nach der Annahme der neuen Verfassung der Ukraine geleitet sein, doch nicht spätestens Dezember 2014. Es wird die neue Wahlgesetzgebung gefasst, sowie es der neue Bestand der Zentralen Wahlkommission auf der proportionalen Grundlage gemäß den Regeln OSZE und der Venedigkommission gebildet.

4. Die Untersuchung der letztmaligen Akte der Gewalt wird unter dem gemeinsamen Monitoring der Macht, Opposition und des Europarats geleitet sein.

5. Die Macht setzt den Notstand nicht ein. Die Macht und Opposition werden von der Anwendung der Kraftmaßnahmen zurückgehalten.

Die Werchowna Rada der Ukraine wird das dritte Gesetz über der Erlassung von der Haftung annehmen, das sich auf dieselben Rechtsverletzungen, wie das Gesetz vom 17. Februar 2014 erstrecken wird.

Beide Parteien werden die ernsten Anstrengungen für die Normalisierung des Lebens in den Städten und Dörfern mittels der Erlassung des administrativen und wirtschaftlichen Baus und des Entblocken der Straßen, Grünanlagen und Flächen machen.

Die illegalen Waffen sollen in die Organe des Ministeriums für Innere Angelegenheiten der Ukraine innerhalb von 24 Stunden ab Datum des Inkrafttretens des obenerwähnten speziellen Gesetzes (Punkt 1 dieses Abkommens) abgegeben sein.

Nach der bezeichneten Periode geraten alle Fälle des ungesetzlichen Tragens und der Aufbewahrung der Waffen unter geltender Gesetzgebung der Ukraine. Die Kräfte der Opposition und Macht werden von der Position der Opposition weggehen. Die Macht wird die Kräfte der Rechtsordnung außerordentlich für den physischen Schutz der Gebäude der Machtorgane verwenden.

6. Die Außenminister Frankreichs, Deutschlands, Polens und der Spezielle Vertreter des Präsidenten der Russischen Föderation rufen zur unverzüglichen Unterbrechung aller Arten der Gewalt und Opposition.

Kiew, den 21. Februar 2014

Kiew, den 21. Februar 2014

Von der Macht:
Präsident der Ukraine Wiktor Janukowitsch

Von der Opposition:
Parteiführer der Schlag Witalij Klitschko.
Führer IN "Batjuwschtschina" Arseni Jazenjuk.
Führer IN "Freiheit" Oleg Tjagnibok
Gezeugt:
Von der Europäischen Union: der Föderale Außenminister der Bundesrepublik Deutschlands Frank-Walter Steinmeier, der Außenminister der Republik Polen Radoslaw Sikorski und der Chef des Departements des kontinentalen Europas des Außenministeriums der Französischen Republik Erik Furnier.

Anhang 2:
Auszug aus dem Amnestiegesetz vom 21. Februar 2014

Gesetz der Ukraine über die Nichtzulassung der Verfolgung und Bestrafung der Personen anlässlich der Ereignisse, die während der Durchführung der friedlichen Versammlungen waren, und über die Anerkennung einiger Gesetze der Ukraine für solche, die die Kraft verloren haben – Amnestiegesetz vom 21. Februar 2014 (Amtsblatt der Werchowna Rada (WWR), 2014, Nr. 12, Art. 186)

Die Werchowna Rada der Ukraine beschließt:
I. Artikel 1. Von der strafrechtlichen Verantwortlichkeit im Verfahren und zu den Bedingungen, die durch dieses Gesetz festgelegt worden sind, die Personen entbinden, die die Teilnehmer der Massenprotestaktionen waren, die am 21. November 2013 angefangen haben, und sind:
➤ Verdächtigte oder Beschuldigte (Angeklagte) bei der Vollziehung im Zeitraum vom 21. November 2013 bis zum Tag des Inkrafttretens des vorliegenden Gesetzes, einschließlich Handlungen, die die Merkmale der Verbrechen enthalten, vorgesehen durch die Artikel 109, 112, 113, 121, 122, 125, 128, 129, 146, 147, 151-1, 161, 162, 170, 174, 182, 185, 186, 187, 189, 194, 195, 196, 197-1, 231, 236, 239, 241, 255, 256, 257, 258, 258-1, 258-2, 258-3, 258-4, 258-5, 259, 260, 261, 264, 267, 270, 270-1, 277, 279, 280, 286, 289, 291, 293, 294, 295, 296, 304, 325, 335, 336, 337, 341, 342, 343, 344, 345, 346, 347, 348, 349, 350, 351, 352, 353, 355, 356, 376, 377, 382, 386, 396, 436 Strafgesetzbuch der Ukraine, vorbehaltlich, dass diese Handlungen mit der Teilnahme an den Massenprotestaktionen verbunden sind, die am 21. November 2013 angefangen haben;
➤ Personen, die Handlungen begangen haben, die die Merkmale der Verbrechen enthalten können, die durch die oben genann-

ten Artikel des Strafgesetzbuches der Ukraine vorgesehen worden sind, vorbehaltlich, dass die Handlungen dieser Personen mit der Teilnahme an den Massenprotestaktionen verbunden sind.

Die entsprechenden Strafverfahren schließen.

Für dieses Gesetz wird die Teilnahme an den Massenprotestaktionen mit der Erklärung ins entsprechende Organ oder dem Beamten nachgewiesen.

II. Artikel 2. Von der Strafe in Form vom Freiheitsentzug auf eine bestimmte Frist und von anderen Strafen, die mit dem Freiheitsentzug nicht verbunden sind, im Verfahren und zu den Bedingungen, die durch dieses Gesetz festgelegt worden sind, die Personen entbinden, die für die Begehung der Verbrechen verurteilt wurden, vorgesehen durch den Artikel 1 des vorliegenden Gesetzes.

III. Artikel 3. Die Strafverfahren schließen, die wegen der Verbrechen eröffnet wurden, vorgesehen durch den Artikel 1 des vorliegenden Gesetzes, in denen man keiner der Personen von der Verdächtigung benachrichtigt wurde.

IV. Artikel 4. Von der administrativen Verantwortung die Personen, die die Teilnehmer der Massenprotestaktionen waren, die am 21. November 2013 angefangen haben, für die Vollziehung im Zeitraum vom 21. November 2013 bis zum Tag des Inkrafttretens des vorliegenden Gesetzes, einschließlich beliebige administrative Rechtsverletzungen entbinden, die durch das Gesetzbuch der Ukraine über die administrativen Rechtsverletzungen vorgesehen worden sind, vorbehaltlich, dass diese Rechtsverletzungen mit den Massenprotestaktionen verbunden sind, im Verfahren, das durch dieses Gesetzbuch festgelegt worden ist.

V. Artikel 5. [...]

VI. Artikel 6. [...]

VII. Artikel 7. Die Frage über die Anwendung dieses Gesetzes entscheidet das Gericht in der gerichtlichen Sitzung. [...]

VIII. Artikel 8. [...]

IX. Artikel 9. Das Sammeln, die Registrierung, Akkumulation, Speicherung, Anpassung, Veränderung, Erneuerung, Nutzung und Verbreitung (Verbreitung, Realisierung, Übergabe) der Personalangaben der Personen zu verbieten, die die Teilnehmer der Massenprotestaktionen waren, die am 21. November 2013 angefangen haben, die im Zusammenhang mit der Teilnahme dieser Personen an den Protestaktionen erhalten wurden. Diese Personalangaben unterliegen der Vernichtung im durch die Gesetzgebung festgelegten Verfahren.

X. Artikel 10. [...]

[...]

Anhang 3:
Brief Olejniks an Steinmeier vom 21. November 2016

Министру иностранных дел Германии

Франку-Вальтеру Штайнмайеру.

Господин Министр.

Разрешите засвидетельствовать Вам своё почтение.

Я – Олейник Владимир Николаевич, гражданин Украины, народный депутат Украины V, VI, VII созывов, осуществил юридический анализ событий на Украине в феврале 2014 года и пришёл к выводу, что в моей стране произошёл государственный переворот. По данному факту я обратился в Генеральную Прокуратуру Украины с требованием расследовать данное преступление, направил своё заявление в Высший административный суд Украины об отмене антиконституционных решений Верховной Рады Украины, кроме того обратился с заявлением в Дорогомиловский районный суд города Москвы об установлении юридического факта – государственный переворот на Украине в феврале 2014 года.

Я просил суд пригласить Вас в качестве заинтересованного лица по данному делу, поскольку Вы как Министр иностранных дел Германии принимали непосредственное участие в урегулировании украинского кризиса и подписали соответствующее соглашение от 21 февраля 2014 года о мирном урегулировании украинского конфликта.

Сообщаю Вам, что Дорогомиловский районный суд города Москвы удовлетворил моё ходатайство и разъяснил, что на основании положения статьи 48 ГПК РФ Вы можете лично принять участие в рассмотрении этого заявления или направить своего представителя.

Сообщаю, что на основании статьи 147 ГПК РФ предварительное заседание суда по подготовке судебного рассмотрения назначено на 5 декабря 2016 года в 14.00 по адресу: Российская Федерация, город Москва, улица Студенческая, дом 36, зал 225.

Направляю вам приложение на 120 листах.

С уважением, Олейник В.Н.

21.11.2016

An den Außenminister Deutschlands
Frank-Walter Steinmeier.

Sehr geehrter Herr Minister,

gestatten Sie es, Ihnen meine Achtung zu beweisen.

Ich, Wladimir Nikolajewitsch Olejnik, der Bürger der Ukraine, der Volksdeputierte der Ukraine der Legislaturperioden 5, 6, 7, machte die juristische Analyse der Ereignisse in der Ukraine im Februar 2014 und kam zu dem Ergebnis, dass ein Staatsstreich in meinem Land durchgeführt worden war. Wegen dieser Tatsache wandte ich mich an die Generalstaatsanwaltschaft der Ukraine mit der Forderung, dieses Verbrechen zu untersuchen, ich reichte bei dem Oberverwaltungsgericht der Ukraine meinen Antrag auf die Aufhebung der verfassungswidrigen Beschlüsse der Werchowna Rada der Ukraine ein, ich stellte außerdem bei dem Dorogomilowo-Bezirksgericht Moskau Antrag auf die Feststellung der rechtserheblichen Tatsache wie der Staatsstreich in der Ukraine im Februar 2014.

Ich bat das Gericht darum, Sie als in dieser Sache interessierte Person einzuladen, weil Sie als Außenminister Deutschlands an der Beilegung der ukrainischen Krise direkt teilgenommen und die entsprechende Vereinbarung über die friedliche Beilegung des ukrainischen Konfliktes vom 21. Februar 2014 unterzeichnet hatten.

Ich teile Ihnen mit, dass das Dorogomilowo-Bezirksgericht Moskau mein Ersuchen erledigt und begreiflich gemacht hat, dass Sie aufgrund der Bestimmung des Artikels 48 der Zivilprozessordnung der Russischen Föderation an der Behandlung dieses Antrags persönlich teilnehmen oder Ihren Vertreter schicken können.

Ich teile Ihnen mit, dass die Vorverhandlung für die Vorbereitung der gerichtlichen Behandlung aufgrund des Artikels 147 der Zivilprozessordnung der Russischen Föderation auf den 5. Dezember 2016 um 14:00 Uhr unter der Adresse Studentscheskajastraße 36, Saal 225, Moskau, Russische Föderation angesetzt ist.

Ich sende Ihnen eine Anlage auf _____ Blättern.

Mit freundlichen Grüßen

W. N. Olejnik _____

Den 21.11.2016

Перевод выполнил переводчик
Горбаткова Кристина Георгиевна _____

Anhang 4:
Gerichtsladung an Frank-Walter Steinmeier vom 17. November 2016

ОПРЕДЕЛЕНИЕ

о назначении подготовки дела к судебному заседанию

город Москва   17 ноября 2016 года

Судья Дорогомиловского районного суда г. Москвы Шишкова А.Г. ознакомившись с заявлением Олейника Владимира Николаевича об установлении факта, имеющего юридическое значение,

УСТАНОВИЛ:

Учитывая, что по поступившему заявлению имеется необходимость в совершении ряда действий по подготовке дела к судебному разбирательству, а именно: разъяснить сторонам их права и обязанности, опросить заявителя по существу заявленных требований, опросить заинтересованных лиц по обстоятельствам дела, ознакомив его с правом подачи возражений на заявление, а также с иными процессуальными правами, предусмотренными ст.ст.12,35,39,43,56,57 ГПК РФ, считаю необходимым назначить подготовку дела к судебному разбирательству.

Разъяснить, что каждая сторона должна доказать те обстоятельства на которые она ссылается как на основания своих требований, так и возражений. В случае если представление необходимых доказательств для лиц затруднительно, суд по их ходатайству оказывает содействие в собирании и истребовании доказательств.

Направить заинтересованным лицам копию заявления и приложенные к нему документы, обосновывающие требования заявителя. Предложить заинтересованным лицам представить письменные возражения относительно заявления и доказательства, которыми эти возражения могут быть подтверждены. Разъяснить заинтересованным лицам, что в случае непредставления доказательств и возражений в установленный срок дело может быть рассмотрено по имеющимся в деле доказательствам (ст.150 п.2 ГПК РФ).

Разъяснить, что лица, участвующие в деле имеют право знакомиться с материалами дела, делать выписки из них, снимать копии, заявлять отводы, представлять доказательства и участвовать в их исследовании, задавать вопросы другим лицам, участвующим в деле, свидетелям, экспертам и специалистам, заявлять ходатайства, в том числе об истребовании доказательств, давать объяснения суду в письменной и устной форме, приводить свои доводы по всем, возникающим в ходе судебного разбирательства вопросам. Возражать относительно ходатайств и доводов других лиц, участвующих в деле, знакомиться с протоколом судебного заседания и в течение пяти дней со дня его подписания, подать письменной форме замечания на протокол с указанием на допущенные в нем неточности и (или) на его неполноту, обжаловать судебные постановления, руководствуясь ст.ст.147-150 ГПК РФ,

ОПРЕДЕЛИЛ:

Назначить подготовку гражданского дела к судебному разбирательству и провести следующие действия:

Направить заинтересованным лицам копию заявления и приложенные к нему документы, обосновывающие требования заявителя;

Вызвать стороны в суд и разъяснить их процессуальные права и обязанности;

Опросить заинтересованных лиц по обстоятельствам дела, выяснить, какие имеются возражения относительно заявления;

Ознакомить заявителя с возражениями заинтересованных лиц, если таковые будут представлены;

Выяснить у сторон, имеются ли у них какие-либо ходатайства;

Разрешить вопрос о вызове свидетелей.

Для разрешения вопросов по подготовке дела к судебному разбирательству вызвать стороны на подготовку дела к судебному разбирательству на 05 декабря 2016 года в 14 часов 00 минут по адресу: Москва, ул. Студенческая, д.36, зал. 225

Судья   А.Г. Шишкова

Перевод с русского языка на немецкий язык

BESTIMMUNG

über die Ansetzung der Vorbereitung der Sache zur gerichtlichen Sitzung

Stadt Moskau

den 17. November 2016

Die Richterin des Dorogomilowskiy Kreisgerichts der Stadt Moskau Schipikova A.G., mit dem Antrag von Olejnik Vladimir Nikolaewitsch über die Feststellung der Tatsache, die rechtliche Bedeutung hat, bekannt gemacht, hat

FESTGESTELLT:

Angesichts der Tatsache, dass es nach dem eingegangenen Antrag die Notwendigkeit einer Reihe von Maßnahmen für die Vorbereitung der Sache zur Gerichtsverhandlung gibt, und zwar: den Parteien Ihre Rechte und Pflichten belehren, den Kläger zur Sache der geltend gemachten Ansprüche befragen, die Beteiligten nach den Umständen der Sache befragen, mit dem Recht der Einreichung der Einwände auf den Antrag, sowie mit sonstigen Verfahrensrechten bekannt gemacht, die durch Art. 12, 35, 39, 43, 56, 57 der Zivilprozessordnung der Russischen Föderation vorgesehen worden sind, halte ich als erforderlich, die Vorbereitung der Sache zur Gerichtsverhandlung anzusetzen.

Zu erklären, dass jede Partei jene Umstände nachweisen soll, auf die Sie als Gründe für Ihre Ansprüche und Einwände verweist. Sollte die Vorstellung der erforderlichen Beweise für die Personen schwierig sind, leistet das Gericht auf Ihren Antrag die Unterstützung bei der Sammlung und Herausverlangen von Beweismitteln.

Den Beteiligten eine Kopie des Antrags und die zu diesem beigefügten Unterlagen zu senden, die die Forderungen des Antragstellers begründen. Den Beteiligten vorzuschlagen, schriftliche Einwände bezüglich des Antrages und Beweise vorzustellen, mit denen diese Einwände nachgewiesen werden können. Den Beteiligten zu erläutern, dass die Sache im Falle der Nichtvorstellung der Beweise und Einwände zur festgesetzten Frist nach den in der Sache vorliegenden Beweisen untersucht werden darf (Artikel 150 P. 2 der Zivilprozessordnung der Russischen Föderation).

Zu erklären, dass die Personen, die an der Sache beteiligen, das Recht haben, in die Prozessakten Einsicht zu nehmen, die Auszüge aus diesen zu machen, die Kopien zu machen, die Ablehnungsgesuche anbringen, die Beweise vorzulegen und an deren Untersuchung zu beteiligen, die Fragen anderen beteiligten Personen, Zeugen, Sachverständigen und Experten zu stellen, die Petitionen einzureichen, darunter über die Beweisaufnahme, die Erklärungen dem Gericht in schriftlicher und mündlicher Form zu geben, Ihre Argumente für alle, im Laufe der Gerichtsverhandlung entstehenden Fragen zu führen. Bezüglich der Anträge und Argumente anderer beteiligten Personen widerzusprechen, ins Protokoll der gerichtlichen Sitzung Einsicht zu nehmen und innerhalb von fünf Tagen nach dem Tag seiner Unterzeichnung, die Bemerkungen auf das Protokoll mit dem Hinweis auf die in diesem zugelassenen Ungenauigkeiten und (oder) auf seiner Unvollständigkeit schriftlich zu beantragen, die Gerichtsbeschlüsse anzufechten, sich nach Art. 147-150 der Zivilprozessordnung der Russischen Föderation richtend, hat

BESTIMMT:

Die Vorbereitung des Zivilprozesses zur Gerichtsverhandlung anzusetzen und folgende Handlungen durchzuführen:

Den Beteiligten eine Kopie des Antrags und die zu diesem beigefügten Unterlagen zu senden, die die Forderungen des Antragstellers begründen;

Die Parteien vor Gericht zu stellen und Ihre Verfahrensrechte und Pflichten zu belehren;

Die Beteiligten nach den Umständen der Sache zu befragen, zu erklären, welche Einwände bezüglich des Antrags vorhanden sind;

162 Europas offene Wunde

Den Antragsteller mit den Einwänden der Beteiligten bekannt zu machen, falls solche vorgestellt werden;

Bei den Parteien zu erklären, ob es bei ihnen irgendwelche Petitionen gibt;

Die Frage der Zeugenladung zu lösen;

Die Parteien für die Vorbereitung der Sache zur Gerichtsverhandlung zwecks Lösung der Fragen nach der Vorbereitung der Sache zur Gerichtsverhandlung am 05. Dezember 2016 um 14 Uhr 00 Minuten unter Adresse: Moskau, ul. Studentscheskaya, H. 36, Halle 225 zu laden.

Richterin /Unterschrift/ A.G. Schipikova

Rundwappensiegel: Dorogomilowskiy Kreisgericht der Stadt Moskau

Перевод выполнил переводчик Горбаткова Кристина Георгиевна _____

Anhang 5:
Stellungnahme Frank-Walter Steinmeier

BUNDESPRÄSIDIALAMT

BERLIN, 24. September 2019
Spreeweg 1

Geschäftszeichen: 21-510 54-1-1/19
(bei Zuschriften bitte angeben)

Herrn
Wladimir Sergijenko
Vorsitzenden der Schriftstellervereinigung
Bundesrepublik Deutschland
für Völkerverständigung e. V.
c/o Eulenspiegel Verlagsgruppe
Torstraße 6
10119 Berlin

Sehr geehrter Herr Sergijenko,

haben Sie vielen Dank für Ihren Brief an Bundespräsident Steinmeier, mit dem Sie ihn um eine Zeitzeugeneinschätzung der Geschehnisse im Februar 2014 in Kiew bitten. Der Bundespräsident hat mich gebeten, Ihnen zu antworten.

Bundespräsident Steinmeier hat sich in seiner Funktion als Außenminister intensiv um eine Lösung im Ukraine-Konflikt bemüht und nutzt sein Amt als Bundespräsident weiterhin dafür, in Gesprächen für eine politische Lösung zu werben. Ich bitte jedoch um Verständnis dafür, dass er die Ereignisse, die vor mehr als fünf Jahren stattgefunden haben, nicht kommentieren wird.

Mit freundlichen Grüßen
Im Auftrag

Natalie Kauther
Referatsleiterin 21 - Europa

Briefanschrift: Bundespräsidialamt 11010 Berlin, Internet: http://www.bundespraesident.de
E-Mail: poststelle@bpra.bund.de
De-Mail: poststelle.de-mail.de

Telefon: (030) 2000 - 0   Behördennetz: (030) 18 200 - 0   (Durchwahl: - 2221)
Telefax: (030) 2000 - 1999   Behördennetz: (030) 18 200 - 1999   (Durchwahl: -)

164   Europas offene Wunde

Anmerkungen

Auf der Suche nach Wahrheit – ein Blick zurück

1 Am 8. Dezember 1991 unterzeichneten die Präsidenten Russlands, der Ukraine und Belarus den sogenannten Vertrag von Minsk, worüber der belarussische Präsident Schuschkewitsch telefonisch den Präsidenten der Sowjetunion informierte. In dem Vertrag war die offizielle Auflösung der Sowjetunion erklärt worden, indem man den Vertrag zur Schaffung der UdSSR von 1922 außer Kraft setzte. Am 25. Dezember 1991 trat Präsident Gorbatschow zurück.

2 Asarow, Nikolai: *Ukraine: Die Wahrheit über den Staatsstreich. Aufzeichnungen des Ministerpräsidenten Nikolai Asarow*, Berlin 2016

3 ebenda

4 Schünemann, Manfred: *Zerbricht die Ukraine? Krisen, Konflikte und Krieg seit der Unabhängigkeit 1991*, Berlin 2018

5 Popow, Dmitri/Milstein, Ilia: *Julia Timoschenko. Die Zukunft der Ukraine nach der Orangenen Revolution*, Köln 2006

6 »NATO spaltet Europa«, Deutsche Welle, 1.4.2008; www.laender-analysen.de/ukraine/chroniken/Chronik_ua_2008_dru.pdf, abgerufen im Mai 2008

7 Andrijko, Vasyl/Mykhalniuk, Taras: »Die Ukraine hat die Wahl vor der Präsidentschaftswahl am 17. Januar 2010«, Friedrich Ebert Stiftung, http://library.fes.de/pdf-files/bueros/ukraine/06938.pdf, abgerufen am 14.11.2019

8 »Parlamentswahl in der Ukraine 2012«, Wikipedia, https://de.wikipedia.org/wiki/Parlamentswahl_in_der_Ukraine_2012, abgerufen am 14.11.2019

9 Vogel, Thomas: »Wie weiter? Das Assoziierungsabkommen der EU im Spannungsfeld von Wirtschaft und Menschenrechten«, Ukraine-Analysen Nr. 103, 8. Mai 2012, www.laender-analysen.de/ukraine/pdf/UkraineAnalysen103.pdf, abgerufen am 14.11.2019

10 Schumann, Frank: *Die Gauklerin. Der Fall Timoschenko*, Berlin 2012

11 Formal verhängte die Bundesregierung Sanktionen und stoppte Rüstungsexporte, doch bereits ein halbes Jahr später wurde es deutschen Unternehmen erlaubt, über Gemeinschaftsprojekte mit EU-Partnern Waffen nach Saudi-Arabien zu exportieren; www.zeit.de/thema/saudi-arabien; s. »Deutschland will nicht mehr alle gemeinsamen Waffendeals stoppen« vom 13. Oktober 2019

12 Asarow 2016

13 Bei einem Forum der Euromaidan-Anhänger appellierte der frühere Verteidigungsminister Anatolij Grizenko an »alle, die legal Waffen besitzen – Abgeordnete, Veteranen der Streitkräfte, Afghanistan-Kämpfer, ehemalige Angehörige von Friedensmissionen und von privaten Sicherheitsstrukturen –, durch die Städte zu patrouillieren und zur Verteidigung des Maidan auch Waffen anzuwenden«. Grizenko zitiert auf http://zn.ua/article/print/politics, abgerufen am 26. Mai 2014

14 2004 war die Verfassung dahingehend geändert worden, dass der Ministerpräsident nicht mehr vom Präsidenten ernannt, sondern vom Parlament gewählt werden sollte. Diese Änderung wurde 2010 jedoch vom Verfassungsgericht annulliert.

15 Benjamin Bidder und Matthias Gebauer: »Zum Frieden gezwungen«, Spiegel online, https://www.spiegel.de/politik/ausland/abkommen-in-der-ukraine-zum-frieden-gezwungen-a-954956.html; 21. Februar 2014, 20. Februar 2020; AFP: »Abkommen zwischen Regierung und Opposition

in Kiew unterzeichnet«, zitiert von Zeit online, https://
www.zeit.de/news/2014-02/21/deutschland-abkommen
-zwischen-regierung-und-opposition-in-kiew-unterzeichn
et-21152407, 21. Februar 2014, abgerufen am 20.1.2020

16 Die ukrainische Verwaltungseinheit »Oblast'« wird mit »Gebiet« übersetzt.

17 Schünemann 2018

18 »Entschließung des Europäischen Parlaments zur Invasion Russlands in der Ukraine«, Voltairenet.org, 13.3.2014, www.voltairenet.org/article182713.html, abgerufen am 14.11.2019

19 Asarow 2016

20 Schünemann 2018

21 »Volksrepublik, Donezk«, Wikipedia, https://de.wikipedia.org/wiki/Volksrepublik_Donezk, abgerufen am 14.11.2019

22 »Volksrepublik Lugansk«, Wikipedia, https://de.wikipedia.org/wiki/Volksrepublik_Lugansk, abgerufen am 14.11.2019

23 »Krieg in der Ukraine seit 2014«, Wikipedia, https://de.wikipedia.org/wiki/Krieg_in_der_Ukraine_seit_2014, abgerufen am 14.11.2019

24 Zitiert in: *Stuttgarter Zeitung/dpa*, 12. Mai 2014

25 »Minsk II«, Wikipedia, https://de.wikipedia.org/wiki/Minsk_II, abgerufen am 14.11.2019

26 Asarow, Wjatscheslaw: »Die Aufhebung der parlamentarischen Immunität in der Ukraine ist nur eine schöne Geste«, News Front, 3.9.2019, https://de.news-front.info/2019/09/03/die-aufhebung-der-parlamentarischen-immunitat-in-der-ukraine-ist-nur-eine-schone-geste/, abgerufen am 14.11.2019

27 Klein, Lars: »Von Vietnam bis Irak: Die Krise des US-Journalismus«, in: *Blätter für deutsche und internationale Politik*, Dezember 2006

28 »Janukowitsch besteht die Mutprobe nicht«, Die Zeit, 29.11.2013, www.zeit.de/politik/ausland/2013-11/januk

owitsch-osteuropa-europaeische-union, zuletzt abgerufen am 27.1.2020

29 Regierungserklärung von Bundeskanzlerin Merkel zum EU-Gipfel »Östliche Partnerschaft« am 28./29. November 2013 in Vilnius, https://archiv.bundesregierung.de/archiv-de/r egierungserklaerung-von-bundeskanzlerin-merkel-zum-e u-gipfel-oestliche-partnerschaft-am-28-29-november-201 3-in-vilnius-1122394, abgerufen am 14.11.2019

Merkel fiel aus der Rolle

1 Die Tschechoslowakei hatte 1992 ihre Föderation beendet und zwei eigenständige Staaten gebildet: Tschechien und Slowakei.

2 »EU verurteilt Einreiseverbote für Russland«, Der Spiegel, 30.5.2015, www.spiegel.de/politik/ausland/einreise verbote-fuer-russland-eu-kritisiert-schwarze-liste-a-10363 80.html, zuletzt abgerufen am 27.1.2020

3 Regierungserklärung von Bundeskanzlerin Merkel zum EU-Gipfel »Östliche Partnerschaft« am 28./29. November 2013 in Vilnius, https://archiv.bundesregierung.de/archiv-de/r egierungserklaerung-von-bundeskanzlerin-merkel-zum-e u-gipfel-oestliche-partnerschaft-am-28-29-november-201 3-in-vilnius-1122394, abgerufen am 14.11.2019

4 ebenda

5 »Putin: »EU-Beitritt der Ukraine ›kein Problem‹«, zitiert in: *Frankfurter Allgemeine Zeitung*, 10. Dezember 2004 (siehe: www.faz.net/aktuell/politik/ausland/kreml-zu-kiew-puti n-eu-beitritt-der-ukraine-kein-problem-1191597.html)

6 siehe Gespräch mit Nikolai Asorow – Korinth, Stefan: »»Ohne Hilfe der USA hätte es keinen Staatsstreich gegeben‹«, Telepolis, 21.6.2016, www.heise.de/tp/features /Ohne-Hilfe-der-USA-haette-es-keinen-Staatsstreich-gege ben-3492309.html, abgerufen am 14.11.2019

Eine langfristig angelegte Geheimdienstoperation

1 Die Berkut-Einheit (ukr. Berkut = Steinadler) war für polizeiliche Sonderaufgaben wie Terrorismusbekämpfung und der Kontrolle von Massenprotesten verantwortlich. Im Februar 2014 wurde die Einheit aufgelöst. Vgl. »Ukraine löst Berkut-Spezialeinheiten auf«, Zeit Online, 26.2.2014, www.zeit.de/politik/ausland/2014-02/ukraine-neue-regierung-finanzhilfe-iwf, abgerufen am 14.11.2019

2 »Haben die Amis den Maidan gekauft?«, Zeit online, Ausgabe 20, 2015, www.zeit.de/2015/20/ukraine-usa-maidan-finanzierung/seite-2, abgerufen am 14.11.2019

3 »Warum Steinmeier seine Unterschrift unter Ukraine-Deal nicht verteidigt – MdB Hunko«, Sputnik News, 25.11.2016, https://de.sputniknews.com/politik/20161125313507746-steinmeier-ukraine-deal-hunko/, abgerufen am 14.11.2019

Ganz klar: Die USA wollten einen Konflikt mit Russland

1 Das im Sommer 2019 gewählte Kiewer Parlament stimmte mit Zweidrittelmehrheit (373 der insgesamt 424 Abgeordneten) für die Abschaffung der in der Verfassung verankerten Abgeordnetenimmunität. »Kritiker befürchten aufgrund des schwachen Rechtssystems der Ex-Sowjetrepublik, dass Strafverfahren gegen Parlamentarier für politische Zwecke missbraucht werden könnten«, zitiert in: *Frankfurter Allgemeine Zeitung*, 3. September 2019

2 »Petro Poroschenko«, Wikipedia, https://de.wikipedia.org/wiki/Petro_Poroschenko, abgerufen am 14.11.2019; »2019 weiter sieben Ukrainer in der Milliardärsliste von Forbes«, Ukraine Nachrichten, 5.3.2019, https://ukraine-nachrichten.de/2019-weiter-sieben-ukrainer-milliard%C3%A4rsliste-forbes_4893, abgerufen am 14.11.2019; Ivanov, Angelika: So reich sind Putin und Poroschenko, Wirtschaftswoche, 28.11.2018, www.wiwo.de/politik/europa

/russland-vs-ukraine-so-reich-sind-putin-und-poroschenk
o/23688620.html, abgerufen am 14.11.2019

3 »Did Hillary Clinton stand by as Honduras coup ushe-
red in era of violence?«, in: *The Guardian,* 31. August
2016 (siehe https://www.theguardian.com/world/2016/
aug/31/hillary-clinton-honduras-violence-manuel-zelaya
-berta-caceres)

Die Justiz wurde blockiert und damit ausgeschaltet

1 »Ukraine versagt bei der Aufklärung«, *n-tv,* 1. April 2015

2 Korinth, Stefan: »Maidanmorde: Drei Beteiligte geste-
hen«, Telepolis, 19.11.2017, www.heise.de/tp/features/
Maidanmorde-Drei-Beteiligte-gestehen-3893551.html, abgerufen am 14.11.2019

3 Korinth, Stefan: »Maidan: ›Ich schoss ihnen ins Genick‹«,
Telepolis, 26.2.2016, https://www.heise.de/tp/features/
Maidan-Ich-schoss-ihnen-ins-Genick-3378569.html, abgerufen am 14.11.2019; Korinth, Stefan: »Woher kamen
die Todesschüsse«, Telepolis, 20.2.2017, https://www.h
eise.de/tp/features/Woher-kamen-die-Todesschuesse-363
0949.html, abgerufen am 14.11.2019

4 Katachnovski, Ivan: »The ›Snipers' Massacre‹ on the Maidan
in Ukraine«, www.academia.edu/8776021/The_Snipers_
Massacre_on_the_Maidan_in_Ukraine, abgerufen am
14.11.2019. Das Video dazu ist zu sehen auf Youtube unter: www.youtube.com/watch?v=z9o-XTOVDgA, abgerufen am 14.11.2019

5 ebenda

6 »Todesschüsse in Kiew: Wer ist für das Blutbad vom Maidan
verantwortlich?«, Monitor, 10.4.2014, www1.wdr.de/da
serste/monitor/videos/video-todesschuesse-in-kiew-wer-i
st-fuer-das-blutbad-vom-maidan-verantwortlich-100.htm
l, abgerufen am 14.11.2019

7 »Europarat verurteilt Kiewer Maidan-Ermittlungen«, *Die Zeit, 1.3.2015, (siehe https://www.zeit.de/politik/ausland/ 2015-03/ukraine-maidan-ermittlungen-europarat)*

8 Henninger, Max: »… als gehe es um die Wahl zwischen zwei Zivilisationen«, Luxemburg Gesellschaftsanalyse und linke Praxis, Dezember 2014, www.zeitschrift-luxemburg.de/als -gehe-es-um-die-wahl-zwischen-zwei-zivilisationen/, abgerufen am 14.11.2019

Die Ukraine – Opfer von Hasardeuren und Dilettanten

1 Regierungserklärung Bundeskanzlerin Merkel am 28./29. November 2013 in Vilnius

2 Asarow 2016

Ein Gefühl von Angst

1 Döhne, Katja: »Berichterstattung über die Ukraine: unausgewogen, schablonenhaft?«, Mai 2014, www.goethe.de/ de/kul/med/20394415.html, abgerufen am 14.11.2019

2 Schreyer, Paul: »ARD im Tiefschlaf: Das seltsame Desinteresse an einer Aufklärung der Maidan-Morde«, Telepolis, 19.3.2018, https://www.heise.de/tp/features/AR D-im-Tiefschlaf-Das-seltsame-Desinteresse-an-einer-Aufkl aerung-der-Maidan-Morde-3996302.html, abgerufen am 14.11.2019

Zum Schluss

1 Birgit Virnich: ARD-Weltspiegel, 17. Februar 2019, siehe Mediathek https://www.ardmediathek.de/daserste/playe r/Y3JpZDovL2Rhc2Vyc3RlLmRlL3dlbHRzcGllZ2VsLzdlYj BlYjgyLTdkMjItNDJkZS05ZjViLWU3Yzk3ZTJmMmJlMA/ ukraine-die-karpaten-fuenf-jahre-nach-dem-majdan

2 Düvell, Franck/Lapshyna, Iryna: »The EuroMaidan Protests, Corruption, and War in Ukraine: Migration Trends and

Ambitions«, MPI Migration Policy Institute, 15.7.2015, w
ww.migrationpolicy.org/article/euromaidan-protests-corr
uption-and-war-ukraine-migration-trends-and-ambitions,
abgerufen am 14.11.2019

3 »Migration legt Arbeitsmarkt in der Ukraine beinahe lahm«,
Sputnik News, 19.2.2018, https://de.sputniknews.com/ge
sellschaft/20180219319620685-ukraine-migration-arbeit
smarkt-bloomberg-lohn/, abgerufen am 14.11.2019

4 ARD-Weltspiegel, 17. Februar 2019

5 ebenda

6 Kujat, Harald: »Der Blick des Westens auf Russland ist ver-
engt«, In: *Cicero*, 14. November 2018

7 ebenda

8 Zitiert in: *Handelsblatt*, 12.2.2019

9 ebenda

10 »Ein brandgefährlicher Konflikt«, tagesschau.de,
18.2.2019, www.tagesschau.de/ausland/ukraine-maidan-
109.html, abgerufen am 14.11.2019